U0905166

哲学、艺术、历史

批判思想理论著作集

[瑞典] 大流士·杜斯特 著

Dariush M. Doust

周阳 苏子滢 郑旭东 译

Philosophy, Art, History:
Theoretical Writings in Critical Thinking

中国社会科学出版社

图字：01－2017－7260 号

图书在版编目（CIP）数据

哲学、艺术、历史：批判思想理论著作集／（瑞典）大流士·杜斯特著；周阳，苏子滢，郑旭东译．—北京：中国社会科学出版社，2018.6

书名原文：Philosophy，Art，History：Theoretical Writings in Critical Thinking

ISBN 978－7－5203－2582－0

Ⅰ.①哲…　Ⅱ.①大…②周…③苏…④郑…　Ⅲ.①社会科学—文集　Ⅳ.①C53

中国版本图书馆 CIP 数据核字（2018）第 122301 号

出 版 人　赵剑英
责任编辑　徐沐熙
责任校对　李　光
责任印制　戴　宽

出　　版　中国社会科学出版社
社　　址　北京鼓楼西大街甲 158 号
邮　　编　100720
网　　址　http://www.csspw.cn
发 行 部　010－84083685
门 市 部　010－84029450
经　　销　新华书店及其他书店

印刷装订　北京君升印刷有限公司
版　　次　2018 年 6 月第 1 版
印　　次　2018 年 6 月第 1 次印刷

开　　本　710×1000　1/16
印　　张　11.75
插　　页　2
字　　数　125 千字
定　　价　48.00 元

凡购买中国社会科学出版社图书，如有质量问题请与本社营销中心联系调换
电话：010－84083683
版权所有　侵权必究

序　言

（杜斯特）

这本集子中所收录的文章在很大程度上基于在中国诸多不同地点的考察，但为了这部为中国读者量身定制的文集，这些文章都作了很大程度的修订。作为激进启蒙之主要承担者“批判”是贯穿这些文章的主线。这意味着，这本文集所考察的美学、文学研究和哲学中的不同领域，都依赖于我们对“批判”一词所赋予的意义这个固有问题。这里，批判性思考意味着发展那些关涉历史叙事与变化之间关系的论争，这相应地就要求一种在其当代联结（conjunction）的背景下，对概念框架不断进行再语境化的工作。

历史叙事和事物之间的关联及其秩序的转变，是如何被概念化的呢？这一问题开启了这样一个领域，在这个领域之中，“场所”（place）变成了中心问题。更为具体地说，从中国这样一个特殊的场所去思考事物的关联与秩序，这意味着什么？这里，我将特别强调“场所”这个词的重要意义，这是一个要害问题，因为场所与空间都是至迟从

20世纪90年代中叶开始就不断出现的关键词。就这个“场所”（this place）而言，首先，我并不指任何后殖民批判意义上的“亚洲性”（Asianness）的概念，对后殖民批判来说，“场所”只是对解构西方或东方的他者性的一个“场所”的命名而已。在这里，“场所”被设想为具体的对话、声音、相遇和交换的配置（configuration），它影响着某一呈现（presentation）的结构。而这本集子中的文章就是上述这个配置的征兆。这本集子表面的主题主要是处理所谓西方思想之中的问题，而在背后，一种潜在的对话正“在原处”（in situ）展开。换句话说，使这些文章与众不同的，正是它们“发生”（taking place）在当下，就在此时，此地。这一“发生”有两个主要特征。首先，我相信在可以预见的将来，作者在此表达的意见会成为某个转折点的功能：在我们通常称之为现代的相当长的一个时期里，科学与学术研究的装置局限在我们通常称之为西半球（这也不是一个完全适当的界定，因为，在很大一段时间里日本就已经是这一交换部分的参与者了）的少数几个“场所”中，而且局限在这些社会中的少数人手里。

正如这里所希望表露的，“场所”这个术语的第一个特征并非是说，我们现在与非西方文明进行对话的领域更宽广了。此类老生常谈我倒是常常能在一些会议上听到，主要出自某些美国研究者，它无疑更多地是在说那些伴随全球化过程产生的图景，而不是关于知识交换的更具实质性的事，这些知识交换发生在大学和更高的教育机构内，它塑造着欧洲的哲学与艺术。长远来看，这一交换曾经是且仍然是被那些发生在不相匹配的部分或极点之间对话的多样性所塑造的，这些对话当中最重要的一个就是希腊与亚伯拉罕传统之间的分歧。而在中国所发生的事则展现出了另一个被严重忽视的现象：庞大到前所未有的人口正被历史性地导入一个知识和学术的机器之中。这几乎可以说是一场大众运动，它所产生和融合的，并不仅仅是各种语词或逻辑论争，各种视角与路径，在一种更为具体和感性的意义上，还包括那些命名、颜色、形状以及疏异的经验，它们来自这场对话的参与者们的“心理地图”上的众多“场所”。我并不打算对这一转变的意义妄加揣测，或许除了那些跨文化交流理论提出的东西，就没有什么明显的结果了，而我对那些东西深表怀疑。

这一“发生”以及在这一处境之中所呈现的第二个特征，可以被最恰当地总结为术语混淆的创造性力量。误解，就像一个发动机，它将给我们带来惊喜，它已经在许多场合使我感到惊奇了。这种创造性合并与类似约瑟夫·阿洛伊斯·熊彼得（Joseph Alois Schumpeter）所谓的“创造性破坏”有关［我们该记得，吉尔·德勒兹（Gilles Deleuze）早就称赞过这种误解的力量了］。这就好像是说，担负着传统的东西丧失掉了其对思想的把握，而这并不是通过对那一传统的诸元素的有系统的驳斥，也不是由于遭遇了什么猛烈抨击，而是通过语言性及手势性、通过历史性或者单纯的程序性因素的汇合，正是它们过度决定（over-determine）了误解的过程。在这第二种特征中也包含着新事物（novum）产生的不受约束的、不可预见的可能性：对这个世界以及事物的秩序的一种集体性的再翻译。

“场所”的第三个特征体现了激烈地对立于前两个特征的一面。在某种意义上，它就是它们的反面。这是不同的、两极化的再现之间的对立。“西方对东方”就是这些两极对立中的一种。“场所”的第三个特征与前两个特征的复调交汇，并将它们神秘化了，因为它是一个二元对立，将每一极都化约为某种巨石般终年不变的实体，相反，之前两种特征，大众与创造性误解，是作为汇合、混淆、簇集过程运作的，在这里不同极点的同一既不是给定的，也不具有任何本质性的地位。上述对立想赋予这些过程以秩序，也就拆解了相遇与创造性之间的关联。

复现、拒绝怀着由某种想象的实体所激起的恐惧和焦虑说话，就是这最后一个特征促成了这本文集的发表。希望，正如埃贡·席勒（Egon Schiele）在诗中所说，能鼓舞一种有朝气且欢快的概念——它是不断重新规定“场所”的可能性，以及对“场所”的建设性再辖域化；这种再辖域化对执着也远超出了各因素——关于地点的形式与内容的本质主义决定因素——之间无尽且往往是无效的相互作用；上述那种相互作用就像其他的相互作用一样，如果它没有成为亨利·列斐弗尔（Henri Lefebvre）曾经称之为空间的生产的东西——对曾经是充斥着各种生机盎然的微现实的日常生活空间的积极再塑造（re-molding）和再创新——就不算什么严肃的把戏。

目　　录

当代欧陆法国激进思想导论

译者：周阳、郑旭东

法国激进思想和哲学已经成为欧陆思想史中的一个核心部分。战后这数十年是人文与社会科学领域极具生产性的一个时代。整理出一些数据就足以让我们意识到，这个时代知识、生产具有的那种惊人的密度。

1960

［法］让—保罗·萨特（Jean-Paul Sartre）发表了《辩证理性批判》（*Critique de la raison dialectique*）

1964

［法］罗兰·巴尔特（Roland Barthes）发表了《符号学原理》（*Eléments de sémiologie*）

1965

［法］路易斯·阿尔都塞（Louis Althusser）发表了《保卫马克思》（*Pour Marx*）

1966

［法］雅克·拉康（Jacque Lacan）发表了《文集》

(*Ecrits*)

［法］米歇尔·福柯（Michel Foucault）发表了《词与物：人文科学考古学》(*Les Mots et les choses*: *Une archéologie des sciences humaines*)

1967

［法］雅克·德里达（Jacques Derrida）发表了《论文字学》(*De la Grammatologie*)、《声音与现象》(*La voix et le phénomène*)、《书写与差异》(*L'écriture et la différence*)

［法］居伊·德波（Guy Debord）发表了《景观社会》(*Society of the Spectacle*)

1968

［法］吉尔·德勒兹（Gilles Deleuze）发表了《差异与重复》(*Différence et répétition*)

这些名字与标题仅仅涵盖了一个十年，这张表单也远远没有囊括一切。在这里我将给出一个历史性的纲要，以帮助中国的读者把握这些文献的思想背景。

这就是说，这篇文章是面向中国读者的，这一简单重要的事实却带来一个问题：如何更准确地定义“法国性”的地理与文化背景？这个问题看似简单，事实上却体现了知识生产与其当地语境之间关系的更为巨大的反思。

两个空间上的限定

最直接的问题是这个领域的国家或民族边界。或许解释这一点最好的方式是去追问，战后法国哲学的“法国的”

是什么。换句话说，“法国性”真地解释了这一由一大批思想家以及一系列概念和观念构成的现象的任何实质性特征吗？在许多地方，按照某种学术传统，人们创设了某种以国家或民族为基础的命名法。这种命名法部分由于语言：某一观念第一次是用这种语言表述的。但这不是主要的原因，因为人们几乎从没听说过像拉丁哲学这样的分类性用语，尽管在某几个世纪里，拉丁语一直是哲学与思想论争所使用的主要语言。

另外在很长一段时间内“英国的”这一属性，唯一的作用就是将尼日尔等英语地区排除在人们对“英国性”所指的东西的设想之外。因此，英国性、法国性这种说法不应被当作中性的描述（即使这种东西存在），但它们标示了某些制度性和意识形态的框架，并且只是在这些框架内才显得像是自明的。

在整个20世纪中，制度归属与民族身份的地域认同（我们将很快回到这一点）的重要性已经削弱了，尽管它仍然被激烈地捍卫着。近二十年来，通过国际期刊、会议和研讨班等渠道，不同语言间日益频繁的观念交流日益一体化、国际化的研究体制正挑战着民族主义模式。因此，要是今天还把思想家当作具有一致性的、轮廓鲜明的民族—文化实体的有机组成部分，将是不合时宜的。20世纪法国哲学日益受乔治·威廉·弗里德里希·黑格尔（Georg Wilhelm Friedrich Hagel）等德国19、20世纪哲学家的影响，这种影响不容小觑。另外三位重要的思想家是马克思（Marx）、西格蒙德·弗洛伊德（Sigmund Freud）和弗里德里希·威廉·尼采（Friedrich Wilhelm Nietzsche），离开他们，雅克·拉康（Jacque Lacan）、吉尔·德勒兹（Gilles Deleuze）或米歇尔·福柯（Michel Foucault）皆不可想象。他们中没有一位是法国人，而他们自己的德国性本身也是一个复杂而微妙的问题。他们对20世纪法国思想的影响渗透在思想活动的各个层面：从定义何为哲学的迫切问题，到方法论，甚至是战后法国特殊的“法语”文风[①]。

那么，为什么还要坚持用“法国的”这个形容词？我想对19世纪民族身份与民族主义之建构的了解可以使我们更好地把握这一点。在19世纪，民族身份与民族国家的观念都是民族资产阶级公共空间建构的一种功能[②]。相应地，正如哲学家皮埃尔·马舍雷（Pierre Macherey）所赞成的，在上述框架之外没有一个可称作法国哲学的单一概念，这一定义只是，由于许多文本是用法语（法国或非法国人）偶然写成的（埃尔·马舍雷，1999）。然而另一方面，人们无法否认，在20世纪后半叶存在着一种密集而又自相矛盾的机构性支配——这事实上形塑了这一时期的许多思想家。因此，这里有一个矛盾的情况，我们应当把它当作关键的一点，以此来把握20世纪法国激进思想。

虽然就许多学术机构而言，19世纪欧洲民族主义计划是个决定性因素，这个基于身份的民族框架也阻碍了我们更好地把握某一思想或文化史的各种细节，因为在20世纪里这一计划同样也施行在世界其他地方。比如说，除非

① 一段有意思的讨论可以参见［美］约翰·赫克曼（John Heckman），1974。

② 详见［美］本尼迪克特·安德森（Benedict Anderson），1982。

我们“近视”地将一种非民族文化的生产模式强塞进单一的、人为建构的“印度性”中，就没有办法用欧洲民族主义的术语理解印度次大陆。从历史和思想的角度说，把印度次大陆当作一个文明或帝国的范围，要比把它当作固定的民族身份更为恰当，在理论上也更准确。印度不是例外，阿拉伯世界、罗马帝国或者波斯帝国也是如此。事实上，与国家相关的民族身份在历史中只存在了很短的一段时间（参照物十分普遍）。

特定的位置

分析哲学与大陆哲学之分所造成的对立是“法国理论”的第二个主要限定。总的来说，大陆哲学与分析哲学的分立是晚近之事，它是被20世纪的现代大学体系创造出来的。“大陆”这个标签是北美和英国大学中的哲学家率先使用的。

实际上，北美与英国的哲学系都是由所谓的分析哲学主导的。诸如弗雷格（Frege）、伯特兰·罗素（Bertrand Russell）、路德维希·维特根斯坦（Ludwig Wittgenstein）、查尔斯·桑德斯·皮尔斯（C. S Peirce）、蒯因（Quine）、约翰·朗肖·奥斯汀（John Langshaw Austin）、斯特劳森（Strawson）、戴维森（Davidson）等哲学家，或者诸如罗尔斯（Rawls）、哈耶克（Hayek）之类的自由主义思想家都被当作是属于分析传统的，这种机构性声明以及地域性思想很容易就能被如下事实反驳：德勒兹是怀特海的读者［德勒兹，1993，威廉姆斯（Williams），2005］，拉康对皮尔斯以及克里普克（Kripke）的《命名与必然性》也有大量评论。类似的事实还有，法国哲学家奥古斯特·孔德（Auguste Comte），实证主义之父，以及涂尔干（Durkheim）都在所谓战后法国或大陆哲学之中扮演着边缘性的角色。另一方面，布伦塔诺（Brentano）以及19世纪晚期的波兰形式逻辑学派的哲学家扮演过像弗洛伊德（Freud）一样举足轻重的角色。形式逻辑领域的许多中欧先驱者会认为大陆的与所谓分析的哲学之间的分立是不可理解的。

我们今天称之为机构性的分析哲学的一个基本特征，就是对可能标记为康德之后的思辨哲学（尤其是乔治·威廉·弗里德里希·黑格尔、马克思、弗里德里希·威廉·尼采、埃贡席勒（Egon Schiele）、亚瑟·叔本华（Arthur Schopenhauer）、胡塞尔、马丁·海德格尔（Martin Heidegger））的规避与排斥。大陆哲学常常但并不总是涉及上面我所提及的那些德国哲学家，当然它也涉及更为晚近的思想家：德语思想家譬如法兰克福学派的狄奥多·阿多诺（Adorno）、赫伯特·马尔库塞（Herbert Marcus）或霍克海默（Horkheimer），法语思想家像福柯、德里达、德勒兹、阿尔都塞，或更近的巴迪欧（Badiou）、朗西埃（Rancière）甚至是阿甘本（Agamben）。

现在，让我们在与大陆哲学研究进路的对比之中，对什么是作为建基于大学之计划的分析哲学，给出一个综合性定义：

1. 如果我们接受其谱系学的一种笼统勾勒的话，分析哲学是以如下观念为基础的：所有经典哲学问题，诸如真理、本质或主体性，都应当在语言的用法的框架内进行重构、重新表述，当然用上谓词逻辑就更好了。这意味着，像黑格尔或马丁·海德格尔那样的哲学计划可以被当成毫无意义的东西丢掉了。当然这个公式并不被所有的机构性的与“分析”这个标签联系在一起的作者们所赞同。

2. 在其制度化版本中，分析哲学追求一种政治上的实用主义路径。这一实用主义在其较为宽泛的意义上也可以包括指向美国自由主义传统的实用主义路径，它能够追溯至对法国大革命的反对。这条分界线事实上并不取决于分析哲学家们20世纪的研究计划，也不奠基于维特根斯坦或形式逻辑之上，它的前身倒是更可能追溯到埃德蒙·伯克（Edmond Burke）及其对启蒙运动哲学家的反对，尤其是反对伏尔泰、孟德斯鸠以及卢梭的激进观念。关键的一点是，结合着一种对哲学家们制订的宏大纲领性计划的怀疑态度，哲学仅仅被设想为一种个人的学术关切。[参见乔纳森·以色列（Jonathan Israel）关于激进启蒙运动的传统及其英国反对者的著作，2002]

3. 其他许多在不同程度上被照例贴上“大陆”标签的哲学传统都是起始于对康德的计划的批判。这里的要点——黑格尔已经将之体系化——是，这个世界中的对象的物性本身就是一个矛盾的现实。因而，这个世界并不是一个简单的给定物，而是一个成问题地、历史地展开并与人类主体相关联的空间。胡塞尔的现象学，尼采对表象的批判以及海德格尔关于对存在的遗忘的理论都是从这个前提出发的，然而对此问题的回答、论题以及最终结果却将这些思想家直接地区分开了。同样重要的是必须强调分析与大陆哲学的对立的两端并不是对称的。人们也许能够勾画出一个称之为“分析”的机构性计划，但“大陆”这个标签却并不涵盖一个同质性甚至纲领性的计划。

4. 在很多情况下，20 世纪的哲学观念将其自身定位于一个超越学术机构的宽泛智识领域，也就是定位于独立的期刊、艺术和文化机构中。因而哲学家更多的是以公众人物的面貌出现。就此而言，马克思与马克思主义传统，当然还有现代传统的艺术流派，弗洛伊德主义精神分析流派，它们在公共领域中开展的活动，对一大批外在于“分析”计划的哲学家有着决定性的影响。正如我们将看到的，在法国，这个广泛的智识领域进一步是由教育体系支持的，在这个方面，法国事实上是欧洲的一个特例。

历史背景

现在，对于战后法国思想家所扮演的角色的影响与局限，我们的理解正变得更加细致。接下来，还需要一种历史性的探究，以使我们更能够理解法国是如何恰好成为 20 世纪后半叶理论创造的一个主要的发源地的。在这一背景中有三个决定性因素。

1. 法国的教育系统

19 世纪后半叶，法国的学校体系经历了几次改革。到了 20 世纪，哲学成了高中生的必修科目，对于通过中学毕业会考来说它是非常重要的。时至今日，哲学仍然在高中被讲授，这与某些欧洲国家和美国的情况形成了鲜明的对比。教育体系对于哲学的传播与流行的重要性是不容低估的。毫无疑问它为人们参与哲学讨论做了更多的准备。在这些最有影响力的学校中，人们常常想到巴黎高师（Ecole Normale Supérieure in Paris）、高等研究院（Ecole des Hautes etudes）还有索邦大学（La Sorbonne）。巴黎高师，是一所在正规大学体系之外的精英学校，在这里之所以特别提到它，是因为战后几乎所有重要的思想家都受教于这所学校（这里有一个伟大的例外：拉康）。萨特、德勒兹、阿尔都塞、巴迪欧、朗西埃、列维—施特劳斯（Lèvis-Strauss）都曾是这个学校的学生。这是一个法国特有的、封闭的且又极具地域性的体系，在这里，人们相互之间几乎都认识。这是皮埃尔·布迪厄（Pierre Bourdieu）在其对法国智识生活的分析中详细研究过的课题［布迪厄（Bourdieu），1984］。与此同时，这同样一个机构性和教育性的体系对于巩固法国共和派的民族认同也是有帮助的［古廷（Gutting），2001，391—393］。

2. 法国革命的历史与哲学家的角色

法国大革命最显著的一个方面就是哲学家所扮演的角色。相较而言，卢梭和伏尔泰（Voltaire）是广为人知的现代政治、哲学思想家中的两个。据说圣鞠斯特（Saint-Juste）与罗伯斯庇尔至少在早年是受到了卢梭的启发——姑且不论对于雅各宾主义来说卢梭的真正意义何在——这揭示了理论与政治计划之间的紧密联系。这一区分同时也是欧洲智识生活自身之中的一个区分。法国大革命标志了激进现代性与由大卫·休谟（David Hume）和埃德蒙·伯克（Edmund Burke）代表的保守现代性之间的历史性区分。因此，法国大革命同笛卡尔主义成了两个要点，在这里，个体与集体之间的张力，知识的主体与行动的主体之间的张力，作为契约程序的政治（politics）与作为权力斗争的政治（the political）之间的张力，这些都成为社会关系核心中的决定性划分因素。就整个文化与哲学论争而言，人们还应当将自19世纪以来法国社会主义和无政府主义运动的重要性，将公社的经验还有诸如A. 布朗基（Blanqui）和M. 蒲鲁东（Proudhon）这样的革命家的影响考虑在内。

3. 19世纪哲学

具体在哲学领域，一战之前的19世纪哲学传统是由三个学派主导的：唯灵论（spiritualism）、实证主义（Positivism）和观念论（idealism）它们基本上是受勒奈·笛卡尔、奥古斯特·孔德（Auguste Comte）和伊曼纽尔·康德的影响的。这里，我们不应当忘记由加斯东·巴什拉（Bachelard Gaston）和康吉莱姆（Canguilham）代表的法国认识论，这两位都是那些扬名于战后的哲学家的老师。黑格尔在一战前那十年间相对有限的影响也相当引人注目。一方面是学院哲学，共和主义民族学派。另一方面是路易·波拿巴（Louis Bona Parte）垮台之后的政治建构，这两者之间的关系也具有相同的重要性。战后这一场景改变了。像列昂·布伦茨威格（Léon Brunschvicg）（他是19世纪末和20世纪前二十年法国大学哲学中重要的人物）这样的学者完全消失了。相反，巴什拉和康吉莱姆成了对阿尔都塞和福柯非常重要的思想家。巴什拉的“认识论断裂”事实上是阿尔都塞的《读〈资本论〉》的奠基石[①]。另一个长期被遗忘的19世纪晚期“老派学派”的哲学家柏格森被德勒兹在1966年复活了[②]。德勒兹与柏格森之间的对话事实上是德勒兹哲学发展当中一个相当重要的部分［参看发表于《批判》(*Critique*)杂志，2008年5月732号上的通信］。

激进性

现在作为我们的考察的第三步，我们能够接近“激进”这个属性了，正如它在这个讲座的题目中所标示的。我想用“激进性”这个词来综合那横跨了战后法国思想之中极为多样化的诸计划的四个特征：与19世纪学术遗产（这体现在其哲学内容还有其民族主义框架）的对峙、德国哲学（最主要的是海德格尔）中的穿行之路、对马克思和马克思主义文献的批判性解读，以及随之而来的重申人文科学与社会之间关系的努力。这最后一点不仅是不同哲学著作的内容的问题，也包括新机构的组建——比如在1968年事件的余波中成立的文森（Vincennes）的实验大学和国际哲学学院。这些机构都力图变得富有实验性、激进性，能够超出巴黎既有的学术世界。在德国哲学中的穿行之路是一条既混乱又复杂的道路，它应当在人们试图与早期民族主义的和观念论的哲学家决裂这一意图下理解，但同样地这条道路也为法国被占领的经验和纳粹主义所渗透。与19世纪

---

① 参见［法］路易斯·阿尔都塞（Louis Althusser）自己对这一点的解释，1970（1968），322—324。

② ［法］吉尔·德勒兹（Gilles Deleuze），1991。

遗产的对峙是早在20世纪20年代和20世纪30年代就已经开始的反映，在这里值得注意的是胡塞尔和现象学的影响。科耶夫（Kojève）在20世纪30年代对黑格尔的引入，加深和推进了这一点。现在，重点是不要仅仅在内容层面上理解这种对峙。正如我已然指出的，某些19世纪晚期的哲学家仍然对诸如德勒兹和福柯这样的人物产生了无可否认的影响。更为激进地看，这一对峙涉及民族主义框架，并植根于知识分子的抗议文化之中，且这种对峙则主要是由三种重要经验构成：两次世界大战和阿尔及利亚的独立。就此而言，莫里斯·梅洛—庞蒂（Maurice Merleau-Ponty）发表在以萨特为中心的巴黎知识界重要刊物《现代》杂志创刊号上的《战争已经发生》表露了这个时期的心情："如果大学要成为一个事实，那将是在这样一个社会中：往日的伤痛已被抚平，而一种有效的自由的条件从一开始就要被实现。在那之前，社会的生活将仍旧是幽灵之间的对话、一种斗争，在这里真实的血与泪猛然开始流淌。"这种激进性是一种不断的运动，在某种意义上说，这一运动在1968年事件之后的那些日子里耗尽了自身。

今天，这种激进性已经走到了尽头，因而它才可以被更好地当作一个时期来把握，它的主要特征和主导趋势才能被考察。文森特·德贡布（Vincent Dekampot），一位法国哲学家，也是一本流行的关于法国当代思想的导论性著作的作者，曾经认为德里达、德勒兹和费朗索瓦·利奥塔（Jean-Francois Lyotard）的著作共享了一个非原则的原则，传播了一种视角主义，或者换句话说，一种激进的主观相对主义，一种“为我自己的存在”（being for myself）的哲学。因此，他这样写道：

> 毋庸置疑抛弃“存在”，保存“为我自己的存在”这样的首要假设将会被重新考虑。其他的可能性也将被正视：为了保存“存在”而抛弃“为我自己的存在”。①

与文森特·德贡布（Vincent Dekampot）的预言相反，最近这二十年显示，后1968年一代之后的法国思想的复兴非但没有朝着这个方向走，更为重要的是，与此相似的富有活力和强烈的智识活动也并没有被再生产出来。最近流行的思想家像巴迪欧和雅克·朗西埃（Jacques Rancière），还有知名度低一点的像克里斯蒂安·杨贝（Christian Jambet）或居伊·拉德罗（Guy Lardreau），都属于后1968年一代。少数几个例外当中的一个，昆汀·梅亚苏（Quentin Meillassoux）证明了我在这里给出的观点。他的哲学著作，《有限性之后》并没有仅仅停留在德贡布所考察的那一类法语语境中，相反，在所谓思辨实在论这个集体性的旗帜下，它几乎立即被整合进一个更为宽泛且更为国际化的语境中。

三个横贯轴上的话题

对于二战之后的这个时代，或者更具体地说，对于萨

① ［法］文森特·德贡布（Vincent Dekampot），1980，190。

特之后的这一代人来说，人们或许能找到三个话题坐标轴，来帮助我们划定20世纪思想史中这个格外具有生产性的时代。

1. 历史性时间

法国观念论与实证主义的对立主要引发了对于作为变化（change）与作为叙述的这一历史性（historicity）概念的一种有争议的关注。这一关注可以追溯至法国思想语境中对黑格尔的重新引入。亚历山大·科耶夫（Alexandre Kojève）20世纪三四十年代关于黑格尔的讲座在某种意义上是一个标志性的事件，因而那些当时还年轻但此后在法国思想中具有决定性影响的人物——他们之中特别引人注目的有雅克·拉康（Jacques Lacan）、乔治·巴塔耶（Georges Bataille）、莫里斯·梅洛—庞蒂（Maurice Merleau-Ponty）——参加这些研讨班这件事本身就使得这些讲座成为一个传奇性事件。

在科耶夫的诠释中，这一向黑格尔的转向，标志了在哲学和思想领域中的一个转变。那些标志了法国近期历史的历史性事件、革命还有战争被学院哲学忽略了，而这个转变的批判性意思指向理性主义者和观念论者的学院哲学正是造成这一忽略的原因之一。即使如此，萨特和梅洛—庞蒂也是能够被视作由科耶夫引入的这场辩证思想的直接对话者，同样重要的是至少找到像雅克·拉康和米歇尔·福柯这样的思想家在20世纪五六十年代的起点。我这并不是说这些作者都分享了同样的基础假设、方法论甚或行动的领域。他们是相当不同的思想家，他们的轨迹很少有交叉点。但是，事实仍然是，拉康和福柯都曾经关注“作为一种内在历史过程的主体的来临”。拉康重新表述了弗洛伊德式的对症状（symptom）的考察：一种对可以说是家庭生活史的逻辑考察，而福柯则着手发掘像正常性（normality）、控制（control）和性态（sexuality）一类概念的意义的时期性层次。事实上，这些计划都是从一种最初被视作外在于历史性时间的视角出发来研究历史编纂学的基础的。如果人们再一次回顾他们各自的发展，就会发现在他们的智识生活的终点上，这同一个计划使他们追问这一向历史性的转向中的一个常量性术语：欲望，这是他们从亚历山大·科耶夫和黑格尔主义传统中继承来的。对于米歇尔·福柯来说，在其《性史》和晚期的伦理转向中，上述这一追问变得越来越明显；而对于雅克·拉康来说，是体现在其对“快感”（Jouissance）概念的详尽阐释上，以及其于20世纪70年代后期对他称之为“实在”（the real）的强调中。

总的来说，向历史性的这一转向意味着一场从关于本体论和认识论的经典哲学问题向历史的事件性（eventfulness）转移的运动。

2. 政治主体

将主体的概念历史化，这意味着：首先，变化与断裂的历史的或时间性的显现决定了主体的概念；其次，这些转换与变化发生在一个基本上是社会性的领域之中。因此，对政治维度的参照变得至关重要。这里的核心概念有：萨特那里的“实践”（praxis），以及阿尔都塞此后的著作表述的被扩展了的政治（politics）概念[①]。如果亚历山大·科耶夫在引入黑格尔式辩证法和历史性概念上扮演了至关重要的角色，那么政治的概念则将与法国大革命的经验和马克思主义的影响联系在一起。譬如，在《辩证理性批判》中，萨特的“实践”（praxis）概念就强调了这样一种辩证法——在这种辩证法中人类既是生产的积极施动者又是社会关系的产物——它与传统马克思主义教条关于生产力和生产关系的决定论观点是相对立的。实践旨在强调这样一种固有的可能性，通过某种与资本主义生产方式中异化劳动过程相对立的生产性模式（作为一种有意义的活动），这种可能性政治地超越了现存社会关系。正如萨特曾提到的，“……人类学的基础是人本身，但并不是作为实践性知识的对象，而是作为一种实践性的有机体，他生产出知识作为其实践的一个环节”[②]。这几句话应当在与另一个有影响力的战后哲学学派的争论中理解，这个哲学学派悬置了作为积极施动者的主体，而将之归于现存体系或结构中的关系。阿尔都塞的著作代表了与萨特极端对立的一方，但是他们两人基本上都考察了作为转变的施动者（agent），或者说作为现存情势中的一个断裂的这样一种历史主体（historical subject）的可能性。在阿尔都塞这里，解决方法基本可以说是将“科学”重新定义为与资本主义生产关系的意识形态神秘化过程相对立的东西。因而，这种科学就意味着主体的范畴被缩减为仅仅是意识形态质询的效果。

---

① 试比较《哲学作为革命武器》，1968。

② ［法］让—保罗·萨特（Jean – Paul Sartre），1963，179。

因而，法国思想当中的第二个话题轴中的理论野心可以被总结为尝试插入一种新的哲学任务：如何思考作为集体性实体的主体，与作为斗争、歧异（disagreement）的过程的政治（politics）这两者之间的关系？这同一个论断还意味着，政治的论域被扩展了，它超越了我们可能称为政治性公共话语的东西，并包含了潜藏在任何一种推论（discursive）的产品中的政治性时刻。这就是为什么人们可以讨论理论中的政治，它是划定了现存的科学、美学和文学工作的基础的特定的政治假设与前提。在这方面，当代法国哲学家朗西埃——他是阿尔都塞的弟子——是《读〈资本论〉》一书的作者之一，他的工作可以被看作从另一个方向对上述这一问题的进一步发展①。

3. 作为哲学考察对象的日常生活

接着前两个话题轴，第三个话题轴可以被表述为：低俗与高雅之间关系的暧昧不清，日常生活看上去平淡无奇的表象与文学或高雅文化作品之间关系的不可区分。这第三场运动是与欧洲现代主义紧密联系在一起的。以这样一种方式，这第三个话题轴与学院哲学离得最远，它开启了一个文化考察的领域。这里我仅仅举出这几个看上去是如此不同的思想家，像雅克·拉康，他在精神分析领域里活动；亨利·列斐弗尔（Henri Lefebvre），一个成熟的哲学家和马克思主义者；居伊·德波（Guy Debord），一个理论家和艺术家，他的《景观社会》一书是对晚期资本主义的一

① 譬如，参见［法］朗西埃，1995。

个先驱性分析；最后是那群与法国符号学或后符号学浪潮联系在一起的研究者和知识分子［这里举几个例子：罗兰·巴尔特（Roland Barthes）、格雷马斯（Greimas）、克里斯蒂安·麦茨（Christian Metz）以及先锋文学期刊《泰凯尔》（*Telquel*）的编辑委员会］。需要注意的是，我的意思并不是说这些思想家归属于同一个计划。譬如在列斐弗尔和拉康之间就没有直接的或历史的联系。把居伊·德波同罗兰·巴尔特或列维—施特劳斯摆在一起也是挺别扭的。不过从我们的视角来看，这里的共同点是一种对哲学的激进追问，是对大众化的、基于日常的微—事件（micro-events）的一种主动的和高度概念化的兴趣，进而也是对包罗万象的、跨越多学科的话题的偏好。作为一名精神分析师，拉康将症候、歇斯底里理论化，他研究精神病医院的患者所带来的东西，研究无意识概念和它在诸如梦、爱情或俏皮话以及口误这种看似非哲学的生活细节中的显现，诸如此类他理解为像语言一样被构建的东西，这些成了长达三十年之久的研究的起点，而这项研究对于法国智识生活有着深远的影响。

长期以来，作为法共最杰出的哲学家，亨利·列斐弗尔从 20 世纪 50 年代开始他研究日常生活和空间生产的计划[①]。一方面，这些计划可以被理解为是对第一个论题，即历史性（historicity）的激进化。列斐弗尔和拉康的计划都可以被视作是对理性的笛卡尔式主体性的一场反叛。列斐

---

① ［法］亨利·列斐弗尔（Henri Lefebvre），2008。

弗尔从这样一场造反运动中得出了结论，并且在对马克思的黑格尔式阅读中重新定义了“历史”：它不是作为伟大的事件或名字大写的“历史”，而是作为在日常生活的涓涓细流中展开的诸多细微历史的大千世界。低俗之物，日常生活的每个角落中转瞬即逝的相遇，还有资本主义社会关系对日常生活的规定，都成为了列斐弗尔的参照点。

情境主义艺术运动的奠基者之一，居伊·德波在其 1967 年的著作《景观社会》中提出了这样的论题：晚期资本主义的社会关系完全是被同时作为产物和生产机器的图像所决定了的。大众传媒、视觉和非视觉的图像取代了商品的古典物质形式。景观是资本主义积累浓缩了的形式。自此以后，《景观社会》的核心论题启发了许多作者，他们之中，博德里亚就非常借重德波的论证。

第三拨人——我在这里称之为符号学浪潮——包括与多学科研究计划相关的研究者和知识分子，这些计划致力于研究从文学文本到时尚、电影以及所谓的原始社会、艺术和政治理论的种种现象。起初，这个浪潮被视作代表了一种结构性研究路径，它受到了索绪尔、结构语言学以及俄国形式主义和布拉格学派的启发。首先，其主要特征是他们称之为符码—系统或结构的东西的普遍性。符码—系统是有待解释的矩阵，从这个前提出发，所有现象都可以作为一个系统，而非一个简单现象的混合物来理解与分析。其次，符码基本是一个语言学实体。所有符码，视觉的、声音的以及书写的，都可以通过将它们化约为一个基本的语言学结构而加以分析，都可以在一个交流图式当中得到解释。因此，隐喻、转喻、外延与内涵，这些从修辞学和语言学中借来的术语，都被用来研究广泛的文化表达，譬如绘画、商业广告或时尚产业中的变化。

结　论

这一包裹在学院理性主义中、与笛卡尔式主体概念的批判性对峙，与实证的科学主义相对立；它是这一格外多样且激荡的思想对话——与黑格尔、马克思、弗洛伊德、弗迪南·德·索绪尔（Ferdinand de Saussure）——时期的支柱。本着自由精神，超越陈腐的门户之见的对弗雷格、怀特海或罗素的阅读也加入了这场由战争体验、现代主义时代的终结以及法国殖民主义国家、机构的衰亡这些因素构成的大冒险。

参考文献

Louis Althusser and Etienne Balibar. Reading “Capital” . London：NLB. 1970.

Benedict Anderson. Imagined communities：reflections on the origin and spread of nationalism. London：Verso. 1991.

Alain Badiou. L’être et l’événément. Paris：Seuil. 1988.

Pierre Bourdieu. Homo Academicus. Paris：Les Éditions de Minuit. 1984.

Guy Debord. The Society of the spectacle. New York：Zone Books. 1994（1967）.

Gary Gutting. French Philosophy in the twentieth Century.

Cambridge: Cambridge University Press. 2001.

François Dosse. History of Structuralism. Minneapolis London: University of Minnesota Press. 1997.

Gilles Deleuze. The Fold: Leibniz and the Baroque. Trans. Tom Conley. Minneapolis: University of Minnesota Press. 1993.

Bergsonism. Trans. Hugh Tomlinson and Barbara Habberjam. New York: Zone Books. 1991.

Vincent Descombes. Modern French philosophy. Cambridge: Cambridge University Press. 1980.

John Heckman. *in* Genesis and structure of Hegel's Phenomenology of Spirit. Chicago: Northwestern University Press. 1974.

Nick Hewlett. Badiou, Balibar, Rancière, Rethinking Emancipation. New York: Continuum. 2007.

Jonathan L. Israel. Radical Enlightenment: Philosophy and the Making of Modernity 1650—1750. Oxford: Oxford University Press. 2002.

Jacques Lacan. Le séminaire IX, identification 1961—1962. Paris: éditions de l'association Freudienne international. 1994.

Henri Lefebvre. Space, Difference, Everyday Life. London: Routledge. 2008.

La production de l'espace. Paris: PUF. 1974.

Pierre Macherey. "Y a-t-il une philosophie franc, aise?" in Histoires de dinosaure: Faire de la philosophie 1965—1997. Paris: Presses universitaires de France. 1999.

Maurice Merleau-Ponty. “La guerre a eu lieu,” in *Sens et non-sens*. Paris: Gallimard, 1996.

Jacques Rancière. *La mésentente: politique et philosophie*. Paris: Galilée. 1995

Jean Paul Sartre. Search for a Method. Trans. and intro. Hazel E. Barnes. New York: Knopf, 1963.

James Williams. The Transversal Thought of Gilles Deleuze: Encounters and Influences. Manchester: Clinamen Press. 2005.

马克思之后的“反哲学”十条论纲

译者：周阳、苏子滢

1. 反哲学是这样一种说到做到的理论，因而也就与哲学的历史性结构框架不能相调和。反哲学的两条主旨如下：

一条是马克思的，正是他打开了反哲学的领域：“哲学家们只是用不同的方式解释世界，而问题在于改变世界。”（《关于费尔巴哈提纲》）

一条是弗洛伊德的，正是他将哲学重新定位为一个文化对象，它的起源则要由精神分析阐明①。拉康赋予这一从马克思开始就已存在的不可调和性的一个专有名词：反哲学②。拉康的结论并不由直接的处境所决定；这个术语是要指明一个与精神分析实践的出现共存的领域③。

2. 在反哲学领域中，后马克思的共产主义运动与精神

---

① S. Freud, The Claims of Psycho-analysis to Scientific Interest, 1913.

② J. Lacan, “*Peut-être à Vincennes...*”, *Autres écrits*, Paris, Le Seuil, 2001, pp. 314 - 335.

③ 对“反哲学”这一术语之引入 20 世纪 70 年代的争论的各种解释，见 François Regnault, “*L'antiphilosophie selon Lacan*”, *Conférences d'esthétique lacanienne*, Agalma, 1997, pp. 61 - 63。

分析的确分据不同的位置。然而，这一领域却是围绕在知识和真理之间建构/重构的某种关系集结起来的。这一关系着眼的正是对“丧失的客体”（the object of loss）的颠覆，是理论能发挥作用的必要条件（列宁）。

反哲学的“反”并非意味着取消哲学。反哲学被置于与哲学思想接近的位置，但它并不承诺本体论证明，也不企图将主体性奠基于认知的座架上。反哲学与哲学家的相遇恰恰是由后者的欲求维系的——哲学指明了却又误认了这一欲求。在《会饮篇》中，苏格拉底就不再是一个哲学家。他之介入与阿尔喀比亚德（Alcibiades）的交谈，僭越了哲学家的准则，并在大他者的快感上运作。

因此，一切教条主义都不过是从反哲学向哲学体系的化约。一方面是共产主义的历史，更准确地说是苏联马克思主义；另一方面是精神分析，它们都见证了这一朝向哲学之体系化的趋势，以及对内在于上述两种理论实践中的反哲学时刻的抹除。

3. 尽管确实存在经济科学这一学科，资本主义却并非这一学科的研究的对象，无论对于它是马克思主义的还是自由派的。对于马克思来说，资本主义意味着一种存在的模式，即我们生活在其中的社会关系的体系。生产方式和商品分配并非决定着或凝结着人类关系的局部、单独的结构；它是资本主义社会的整体化逻辑。马克思以“阶级斗争”为第一公理定义了“历史性”的上层建筑。我们将通过一种“通过拉康解读马克思”的阅读解释阶级斗争及其与共产主义视域的关系。

4. 首先为了把握马克思理论的创新之处，人们就必须接着往后去读《资本论》；第一卷因而只是对资本主义批判的第一步；更为重要的是，这一批判同样从未完成。在第三卷中，马克思写道：“在资本—利润（或者，更恰当地说是资本—利息），土地—地租，劳动—工资中，在这个表示价值和财富一般的各个组成部分同其各种源泉的联系的经济三位一体中，资本主义生产方式的神秘化，社会关系的物化，物质的生产关系和它们的历史社会规定性的直接融合已经完成：这是一个着了魔的、颠倒的、倒立着的世界。在这个世界里，资本先生和土地太太，作为社会的人物，同时又直接作为单纯的物，在兴妖作怪。其次古典经济学把利息归结为利润的一部分，把地租归结为超过平均利润的余额，使这二者以剩余价值的形式一致起来；此外，把流通过程当作单纯的形式变化来说明。最后，在直接生产过程中把商品的价值和剩余价值归结为劳动。这样，它就把上面那些虚伪的假象和错觉，把财富的不同社会要素互相间的这种独立化和硬化，把这种物的人格化和生产关系的物化，把日常生活中的这个宗教揭穿了。”[①] 这段话表明了马克思在第一卷中展现的纯粹拜物的阶段和这里称之为“日常生活中的这个宗教”这两者间的区别。

原始的商品拜物教与“日常生活的宗教”的超唯物主义（hypermaterialism）可以通过运行于二者中的信仰模式来区分。在商品拜物教中，言说的存在者（speaking-being）

① 对表现因果性的批判的一个历史版本参见 Louis Althusser，“*Lire le Capital*”，Paris，Puf，2008。

作为“信仰者”还是必要的。而在“日常生活的宗教”中，是对象们自己在践行信仰，是对象相信言说的存在者，并规定它们之间可能关系的界限。我们将之称为“对象信仰”(objectal belief)。这就不再是人类关系的物化或异化的唯物主义，而是物表达着信仰的“超唯物主义”(hyper materialism)。与商品相对应的因果模式是“表现因果性”[①]。而发达资本主义为这样一种化约所定义，也就是将所有社会关系化约为在交换价值的自由流通中的符码—对象（sign-objects)。资本主义的超唯物主义化阶段所设定的理想是：每个人——而不再是“布尔乔亚”或“工人”——都成为资本的功能性组成部分。这正是居伊·德波（Guy Debord)所提到的令人绝望的光明（depressing lightness)。主导性话语——资本的浪漫主义——主要是被盛行的犬儒主义以及主张人权的现代斯多葛主义所规定。这种浪漫主义所生产的主体承受着一种无尽的哀悼，哀悼那悲剧式主人公的消逝。从那时起就有了榨取快感（jouissance-extraction）的装置的增殖：贩卖“幸存者”证词的小贩和抗抑郁疗法。

5. “对象信仰”(objectal belief）就其理想形式而言，参照一系列基于范畴操作——其中包括对符码的解读，对怀疑的诠释，以及批判性距离——的理性选择，个别地规定着言说的存在者。一旦完成，这些操作被添加进下一个积累的循环——只要这个体系还在继续运行。

---

① 现代数学中这两种基础理论的不同，以及拉康对它们的使用，见“*Encore*”，lecon Ⅶ，*Une lettre d'amour*，and“*L'étourdit*”（Scilicet，No.4)，它清楚地标记了元本体论计划与精神分析领域这两者间的不同。

6. 对于拉康来说，主体只是“言语行为的主体”[subject of the act of speaking (le dire)]，一个先天之物，既非集体的（collective）也非个体的（individual），而是奇异的（singular）。这一陈述的踪迹——就其能被包含在教学中而言——构成了那些我们或许可以称之为理论知识的东西。理论知识（Theoretical Knowledge/Savoir Théorique）绝对不能与命题性知识（Conaissance）相混淆。命题性知识积累于百科全书中，并且以全称的形式呈现。而另一方面，精神分析实践（praxis），数学式（mathemes），纽结（knot）甚至学派（school），则是实验性的，它们基于对那些隐藏于书写背后的说辞的解读。数学式，字母的组合，以及将拓扑学空间描述为存在的运动—空间的字母和操作者的结合，都不是出自哲学概念。理论知识是通过“非概念教学”（aconceptual teaching）来传递的。

7. 自数学化的“现代”世界出现以来，对象便呈现为一个成问题的实体：“在一切的根基处肯定存在某种神秘的东西，我坚信有某种溜走的东西，一个封闭、隐藏的能指居留在共同的……”那个溜走的对象，马拉美在《字母里的神秘》（*Le mystère dans les lettres*）这样称呼它，以两种时态衰退（declines）：首先，是“欠缺的对象”（the object of lack），它将我们带回到快感，回到那种在与快感的关系中总是欠缺的东西的物性。其次，是“丧失的对象”（the object of loss），这是我们从马克思那里得知的、被冠以“剩余价值”之名的东西。拉康在其对象 a 的理论中表述了对象的这两种时态，这个字母既标记了活的身体与主体时刻之间的不可通约性，也标记了对象的上述两种时态的分离性结合（disjunctive conjugation）。

8. 哲学与反哲学之间的区别就是“普遍”（universal）与“共同”（common）之间的区别。全称命题（universal proposition）的主词是“所有”（all）。对普遍的批判在本质上就是对资产阶级法权的批判：X 对所有都有效。

“所有”，作为一个整体，尽管它这样宣称，却并不包含每一个；它排斥某个部分，这个部分向那种排斥的理念要求被（整体）包含进去的权利。这就是马克思主义对资产阶级法权的批判的本质所在，这种法权建立在整体与人民全体（the ensemble of all people）之间的非同一性——因此，任何人作为整体的一部分的这样一种可能性就被排斥了——的基础之上。这一批判也证明了适用于普遍的集合论逻辑（logique ensembliste）本质上是外延逻辑（extensive logic）。这也是巴迪欧在《存在与事件》中所展示的，他借由批判集合论逻辑而对“一”这个概念进行批判实现了这一点。正是在《康德同萨德》（*Kant with Sade*）中，拉康表述了无尽的延展（neverending extension）的幻象的结果。外延逻辑的另一面，是将无限建构为一个概念的不可能性。这里，我们关心的不再是集合论，而是这样一个事实：可数的东西的例外并不显现为可建构的无限性。拉康将之称为“非全”（not-all）。“非全”并非外延逻辑中的一个例外；它是对诸例外的不可能的组织的呈现（the presence of the impossible organization of exceptions），通过它存在才有可能是一致的。建构主义和集合论的基础主义模型依然是二分的[①]；但这个“二”就其原则而言，无论对于集合理论还是公理性元本体论来说都是不可辨识的。

“共同”是这二者的共联（co-articulation），它仍然保持为二。“共同”既不是基于外延逻辑批判私有财产，这种批判设定了公共空间与国家所有权；也不是基于简单的建构主义批判外延逻辑，这种批判朝向着乌托邦式未来；“共同”是这样一种视域，它不断地被主体行动以及这一行动引发的一般性命题所更新。在这个意义上，“共同”是对“普遍”的辩证批判。“共同”严格地说是在存在之中的虚空，那些没有什么东西可丧失的人们能够接近它。

9. 如果“日常生活的宗教”是某种欠缺带来的苦痛，是这种欠缺阻止了“一”与他者、器官与身体、世界与存在的重新结合；那么精神分析的无神论就在两性的分离性关系（the disjunctive relation between the sexes）中被表述出来。在这个意义上，精神分析是马克思的计划——对作为“日常生活的宗教”的资本主义的批判——的对应物。这两种非神论（a-theisms）所关心的是，与那个被所有人共享着的“缺失”（lack）一同生活。劳动力的自由联合，城市的自我组织，这是从那个为所有人都共享着的，但又超出所有全称命题之外的不可化约的“缺失”中产生出来的。对象的消亡（demise）表示了对不可分配之物——快感——的再分配。

① 对预期性时刻的最初阐释参见拉康 1945 年的文章：“*Le temps logique et l'assertion de la certitude anticipée*”, Écrits, Paris, Le Seuil, 1967。

10. 两点结论

(1) 属于反哲学路径的理论知识是从主体时刻，即言说行动中产生的。这样一种知识不是对于关押在活的身体之中并作为它的他者而存在的对象的一种解释。它是与对话语的介入共存的，不然的话，话语会不断地自我打结。它是在欠缺的对象的空位上的一个决断，它产生出属于这一特定决断的理论知识。

这一决断作为预期显现出来；主体总是“匆忙的”(rushed)；要么太早，要么太晚，因为，对确切时机的确定要求只能是历史化的结果，它按其定义便将主体排除在外。决断的模式是预期性的；它以断言的形式显现，是对历史的瞬间打断。预期并非先于决定，它也不是情势的先在的规则。它并非历史的再现或处方，它奠基在那存在于真理与存在的有限位置之间的不可通约性之上。由此，预期呈现为一种运动，其方向则由奇异性（singularity）所标记。预期性行动推动着作为行动之索引的主体超越那对情势(situation）的既定状态（state）的理解的限制。

(2) 我们或许可以将反哲学知识总结为对“普遍”的批判，它基于对这样一种联结的疑问之上，即奇异的东西——言说的存在的主体——与“共同”——它就是那刻写在语言的结构中的“丧失”（loss）——之间的联结。在这种有限的意义上，就它们被设定在与某种“非全”（Not all）的关系中而言，精神分析实践是与对资本主义社会的批判相关的。

关键的问题因而就是那适用于反哲学阵地的组织形式。

我们或许可以提供一条最低原则：要捍卫那超出社会关系的资本主义再现的言语行为主体（the subject of the act of speaking）。精神分析实践就是这种主体时刻倏忽降临的可能性场域之一。

历史与计划

译者：周阳、郑旭东

本文把“马克思的批判”作为当代解放计划之一部分来考察。在就阿尔都塞的贡献与遗产进行细致讨论之后，本文的第二部分讨论了“马克思的批判”与哲学传统之间的差异，并认为如果不考虑“马克思的批判”的解放目标及其特殊的方法论——本文将之概念化为“计划式的历史化”（projective historicization）——我们将无法理解“马克思的批判”。

关键词：马克思；黑格尔；阿尔都塞；共有化（communization）；历史；解放

我将从《国际批判思想》（*International Critical Thought*）新近发表的一篇文章当中的一段话开始：“马克思主义事实上是哲学借以在历史存在（historical existence）之顶点找出其自身深藏之谜的具体答案的工具，同时，历史存在也与哲学相遇，而在作为媒介的哲学中，历史存在实现了其最完满的自我表现。”①

在存在之顶点的某处的历史与哲学的融合——其中一个提出问题，另一个给出回答——被称为“事实上”的马克思主义。在这段引文中，有这样一条虽然陈旧但还没有被废弃的断层线（fault line）被重新激活了，它将18世纪和19世纪德国历史观念论中的那种追求“绝对”的激进的哲学热望（aspiration）与“马克思的批判”的特征区分开来了：它是一种由对解放计划的需求所规定的批判。本文的目的就是解释“马克思的批判”所引入的这一特征的含义。

让我们简要地将当前历史情势中的决定性坐标列举出几个来，在此基础上，重新激活上述断层线的欲望才能够被理解：苏联计划的不可逆转的终止；自20世纪60年代以来马克思主义之所以被引入欧洲与北美的大学话语（它一方面将学院话语与独立知识分子之间的断裂拉大了，另一方面也把马克思式研究的各个组成部分，以多学科的方式相互隔离开了——譬如社会学、政治经济学、文化研究，等等）；资本主义的结构性转变，这与它在地域上扩张为全球体系相伴而行（由此，帝国主义今天又将被如何定义）；最后，还有自20世纪70年代末以来的那些造反运动的新形式中的晦暗不明之处（最新的浪潮就是环地中海的那些造反事件）。被投入上述情势的这些挑战提示我们要回顾一下那些我称之为“上世纪的深厚经验”（dense experiences of the past century）的东西。因此，本文将包含两个部分，在

---

① 参见［英］麦肯纳（McKenna），2014，157。

第一个部分中，重点在阿尔都塞于20世纪70年代表述的一个结论性时刻上，这是对那些已经被思考、争论过的东西的回顾。本文第二个也是更为重要的部分试图将这段创造性的回忆——它围绕集体行动的历史可能性展开——与一个扩展了的批判的概念——即“一个行动的临界点”（a criticality in act）——相互联结起来，正如我将论证的，这一概念既是一项历史计划，也是对历史性（historicity）的一个批判。

条　件

让我从最低限度的必要前提开始。马克思的著作归属于某一解放运动，这一运动的计划被定义为对生产资料的共同控制（common control）。所谓马克思的著作归属于这一运动，意味着理论阐述是由对既存社会关系的介入（intervention）限定的。一次介入被这样定义：它插入（cross through）社会关系的集合（set），将情势（situation）一分为两个相互对立的集合：这就是阶级斗争。这就是马克思和恩格斯写作和工作的指导方针，这既体现在理论中，也体现在他们具体的政治活动中，既体现在第一国际（Workers International）中，也体现在政治经济学批判中。历史唯物主义并不去验证自然规律，而是去推进一种对人与社会关系假定的合法性的批评，这种合法性被视作永恒的，或者说是由人的本质所支配的。这样一种理论阐述中的概念、操作以及演绎都不过是某一原则的功能，并由这一原则来评判：知识与真理相联结，在任一特定的、新的历史星丛中，这一联结会在解放运动中浮现出来；这一联结就像一个问题，或者诸问题的集合，它们需要被重新分析。资本主义社会中的解放就相当于生产方式的共有化（communization），而且解放的时刻正是凭借它们承载着这种潜能而被识别出来的，无论社会运动冠之以何种“名字”或“符号”。一旦与既存社会关系的现实相遇，解放运动便产生出大量知识，而在这一运动的历次转折点上，这些知识都会被修订。列宁或毛泽东在政治理论上的创新就属于这一生产与修订的认识论韵律（epistemic rhythm），阿多诺在美学领域或者阿多诺和德波关于当代资本主义的特殊性的论述也同样是如此。从一种批判的角度看，一次解放运动总是与创新性的、理论的和分析的工作相连，不然它就根本不是解放性的。

1. 黑格尔化的马克思主义

在马克思主义文献中，黑格尔主义从来就没有缺场过。它是其历史的一部分，之前所引证的麦肯纳的文章，“反后马克思主义”（Against Post-Marxism），就为我们很好地说明了它的某些共同特征。首先，麦肯纳文章中最主要的论证是，这一“后马克思主义”之中观点各异的理论思想家们——阿尔都塞、齐泽克、厄尼斯托·拉克劳和墨菲——共享一个共同的基础，即一个静止的宇宙，而这正是与黑格尔和马克思在他们的著作中所实现的东西——对于作者[①]来说就是“活的历史”（living history）——截然相反的。

① 即［英］麦肯纳。——译者按

那麦肯纳在其文章中将之与所谓的阿尔都塞的、静止的、非历史的（a-historic）康德式宇宙相对的“活的历史”是什么呢？通过回到关于基础与上层建筑（base and superstructure）的讨论，答案被给了出来，这一讨论充当着一个更激进的主张中的一个环节，即这篇文章所谓的主体—客体二分的解决，基础被当作客体世界，而主体则被当作上层建筑。这一最终解决被归功于黑格尔与马克思[①]。追随卢卡奇，这篇文章也认为正是无产阶级一劳永逸地解决了主客二分，而这就是历史的顶点。

麦肯纳的本意是强调“集体行动”（collective action）的中心性，“集体行动”是这样一个过程，在其中施为（agency）被现实化了（2014，145），而我本人也赞同这种理论野心。然而，如我们将要看到的，麦肯纳对哲学家事业的热望不免使这一主张略显失色，这正是由于他使集体行动服务于“自我意识”这种哲学的、非批判的概念所致，而哲学嫁接了“黑格尔式马克思主义”，就获得了对批判的免疫力，正如之前常常发生的，这是通过与所谓理论抽象相对立的“生活”“活的历史”这类概念实现的，就好像“生活”或“活的历史”就不是抽象概念似的。麦肯纳的主要目标是阿尔都塞，更具体一点说，就是阿尔都塞的意识形态国家机器（Ideological State Apparatuses）理论。就此而言，这篇文章回应了那些围绕阿尔都塞 20 世纪 60 年代和 20 世纪 70 年代的作品所产生的讨论和批判性评论［常常作

---

① 参见［英］麦肯纳，2014，151—152。

为误解的结果,《自我批评文集》(*Essays in Self-Criticism*)] 1976 年英文版的导论详尽地呈现了这些评论,这其中就包括莱泽克·柯拉柯夫斯基(Leszek Kolakowski)的,他的观点也被麦肯纳的文章所征引。

此外,在麦肯纳那里一再出现的一串修辞也揭示出上文提及的那一断层线的另一部分现实:“精英知识分子们”(top flight intellectuals)、“令人费解的先验结构”(convoluted transcendental constructs)、“折磨人的一整套结构主义行话”(paraphernalia of the tortured structuralist idiom),“庸俗观念论”(这是在说阿尔都塞的“意识形态国家机器”理论),这在麦肯纳的文章里随处可见,这表明一种理论努力,一种坚定地扎根于鲜活经验的实践世界中的道德立场。然而,作者这种受黑格尔启发的言辞本身对于任何不熟悉黑格尔、不熟悉哲学概念和抽象的读者来说也算是相当专业的。屡屡征引诸如《逻辑学》这一名副其实的“精英”著作,并诋毁阿尔都塞的唯知主义,这并不是用高端术语包装起来的某种形式的悲悯心的失察(oversight),也不仅仅是标示出一种相抵触的原理——这一点在下文中我将谈到——更为重要的是,这种风格本身显示出了一些障碍,而这正是对马克思进行哲学阅读所产生出来的。

什么是阅读?

在麦肯纳的阅读中,阿尔都塞事实上将主体的社会存在化约为意识形态的功能。在阿尔都塞的主体理论中,意识形态“生产”出主体。进而,由于意识形态是观念与意识，所以，这就意味着观念决定存在。其次，由于在阿尔都塞那里意识形态先于主体，主体就不可能达致其存在的核心。因而，最后，麦肯纳得出结论，在阿尔都塞的理论中，“我们不能从外部查看意识形态的结构，因为，我们借以寻求一种客观视角的机制恰恰就是意识形态构成我们(constitutes us) 的那些结构和形式”①。

这里的主要问题是这个“我们”在这里被呈现为统觉的一个明证。这样一种主体性概念事实上正是阿尔都塞批判的核心所在。为了解释这一关键之处，由阿尔都塞理论的一个具体例证开始是恰当的，这在《意识形态与意识形态国家机器》② 一文中也大略言之了。在那篇文章中，阿尔都塞引入了三个初步的区分，首先是生产与再生产之间的区分，其次是镇压机器与意识形态机器之间的区分，最后则是意识形态作为想象的再现这一结构性定位与处于任何既定历史情势当中的种种特殊意识形态之间的区分。简言之，这篇文章由三个核心问题敲定框架：关系的连续性与其断裂之间的关系，国家理论，一般的不变量与特殊的变化之间的关系。这里的难点与通常的误解都受制于这样一个事实，即阿尔都塞在这篇文章中试图发展这样一种理论，它通过将这三种对立安置在“意识形态的领域”中以取代它们。因而，连续性对非连续性就成了一种想象性的对立，

---

① 参见［英］麦肯纳，2014，146。

② 这篇文章最初于 1970 年发表在《思想》(*La Pensée*) 杂志上。事实上它是从［法］阿尔都塞死后出版的手稿《论生产》(*Sur la production*) 中截取出来的（阿尔都塞，1995）。正如题目已经指明的，作者的主要关注点是一种关于再生产的理论。也可参见杰森·贝克即将出版的作品。

对于镇压机构与意识形态机构之间，或者不变量与历史变化之间的本质矛盾来说也同样如此。“结构”这个概念，这一个不再诉诸超验或超验因果性的表层，它被当作一个中介项，阿尔都塞试图通过它解决这些“错误的”对立。在阿尔都塞的理论中，想象性的再现功能是一个非历史（a-historical）的常量，这不假；阿尔都塞理论没有对这一想象性之物的瞬时性崩解（momentary collapse）进行理论化，这也是真的，尽管这并不是《意识形态与意识形态国家机器》一文所要处理的首要工作。

这里还有一个更为基础性的历史条件，离开这一点，阿尔都塞的意识形态批判是不能被恰当地评价的。阿尔都塞对意识形态国家机器的考察反映了某一解放计划的复杂性，它肇始于对以人为中心的历史的浪漫主义概念的批判，换句话说，这是对这样一种普遍主义的批判，这种普遍主义与激进的启蒙运动及其布尔乔亚（bourgeoisie）的革命宣言纠缠不清。如果说马克思引入了作为历史施动者（agent）的社会阶级——它是通过对立（antagonism）来定义的，而非通过“自我意识”的历史性，那么弗洛伊德则通过推翻自我意识的主体而踏上了这同一条批判之路。这个世界变化的萌芽，如果将它当作某种集体的施为（collective agency），那么集体性这个概念（collectivity），是否暗示了人类主体理论化的另一种模式？如果答案是“是”，那么它是如何与那社会性决定的、辩证否定的施为（agency）的组织形式相关的呢？与阿尔都塞这些文本的发表相近的这一个时期里，在法国，这些同样的问题的不同向度也在德勒兹 20

世纪50年代、20世纪60年代的著作中被考察，在拉康对精神分析理论的激进批判当中则得到更为深刻的探讨。阿尔都塞的文本也预示了后68年法国的激进一代的问题[①]；我们所想要改变的世界一开始究竟是如何可能的？这一问题正是一个处理意识形态机器的理论的紧迫性的真正背景。

让我从20世纪马克思主义论争中再提这么一点，这样上文所提及的这些区分的相关性以及麦肯纳忽略这些区分所导致的问题，这两点才会更容易把握。阿尔都塞的努力针对着这样两种一再出现的教条主义，一方面是苏联马克思主义所谓无产阶级科学与资产阶级科学之对立的教条，另一方面则是将马克思化约为一个哲学人类学家，好像是他在声讨人的异化——这种异化恰恰是人与自然之间的、由意识形态所导致的对立所致。就此而言，阿尔都塞的著作应该被当作政治干预，或者用他自己的话说是“哲学是理论领域的阶级斗争”[②]。因此，阿尔都塞对人道主义的批判应当被解读为是针对当时盛行的所谓人道主义社会主义潮流的，这一潮流中最重要的思想家就是哲学家罗杰·迦罗蒂（Roger Garaudy），他是当时法共的首席理论家。这一向社会主义的人道主义迈进的运动是苏共二十大之后法共转向的后续。罗杰·迦罗蒂这一参引了马克思《大纲》的人道主义，实际上有赖于更早一个时期法国非马克思主义的学院马克思研究［就法共内部、罗杰·迦罗蒂与阿尔都

---

① 譬如Jambet和Lardreau，1976 & 1978。

② ［法］路易斯·皮埃尔·阿尔都塞，1969。

塞之间的这场争论，可以参看安德鲁·李比希（Andre Liebich），1979］。

然而，在那场有关马克思对黑格尔主义的哲学负债的持久争论——这是由《资本论》笔记的发表所引发——之前，[1] 经由晚期浪漫主义过滤而来的黑格尔所投下的阴影就已经决定了对马克思的批判计划的解读。实际上，在第一次世界大战之后，黑格尔主义就已经与马克思主义的发展相当契合了。生产方式作为有机整体这条金科玉律创造了大量马克思主义中的历史概念。这一总体被理解为各部分的紧密联合体，这一联合体总是预设了一个既存的整体。这根源于黑格尔关于时代精神的概念：

> 这里我们仅仅需要指出，每一个阶段，因其不同于其他阶段，都有其自身特殊的规定原则。在历史之中，这一原则构成了一个民族精神的规定性。它具体表现了一个民族的意识与意志的每一方面，表现了其完整的现实性的每一方面；这是其宗教、政治制度、伦理生活、法律体系以及习俗的共同特征，也是其科学、艺术和技术技能以及其工业方向的共同特征。[2]

对于黑格尔来说，至少是在他的《历史哲学讲演录》

---

① ［德］尼克拉斯·卢曼（Nicolaus Luhmann），1973；［奥］罗曼·罗斯多尔斯基（Roman Rosdolsky），1980。

② ［德］黑格尔，2011，197。

中，世界历史是一个“戏剧舞台”[①]，是精神由谬误走向其自身之真理的展现场所，是一种必然为精神吸收进自身中去的外在性。黑格尔保留了这一总体的有机性特征——这来自德国浪漫主义[②]——但重新安置了它，将它整合进了精神的辩证运动中。这一关于历史的认识应当与《逻辑学》当中的基本表述相比较：

> 因此，某物存在，也就是说它完全存在于其外在性中；其外在性是其整体性，因此同样地，它的统一性也反映在它自身之中。它的表象并不仅仅是在他物中的反思，还是内在反思，因而，它的外在性就是它本身的表现；由于它的内容与形式是绝对同一的，它便自在自为地仅仅是：去表现它自己。这是对其本质的揭示，而相应的，这一本质就是由自我揭示的存在构成的。[③]

这一段关于整体与其部分之间本质关系的结论性的引文，如果对比黑格尔自己所提供的相反的例证，才可以被更好地理解：在德语中，本质（Wesen）一词——譬如“教育事业”（Schulwesen）、“新闻事业”（Zeitungswesen）——即“没有本质性组织的集合”。事实上这是与“概

① 2011，194。

② 尽管传统理解中的德国浪漫主义因其给予“自然”概念的重要性而受到了很多精细的批评，但它本身作为哲学和艺术运动，是无法脱离了一个有机的整体观念而被理解的。更多的讨论参见弗里德里克·C. 拜泽尔，2003，23—26。

③ ［德］黑格尔，2010，§Ⅱ.368。

念”（Conception/begrieff）这一中心概念相关的，这一点是明显的符合逻辑的，黑格尔本人在367节当中也是这样说的：“本质的运动是……概念进入存在的过程。”阿尔都塞的批判的核心针对的是他从黑格尔那里理解到的有机整体，在这一总体当中，诸部分是某一前定整体的表现（expressions），且更关键的是，这一整体不可避免地是一种超越性的（transcendental）东西：

> 准确地说，（古典哲学）的体系被设想出来是为了处理整体之于其诸要素的有效性的：莱布尼茨式的表现概念。就是这个模式主导了黑格尔的思想。但是，它在原则上假定了，这里要讨论的“整体”被化约为一个内在本质，内在本质的整体的诸要素因而就不过是表现的现象形式而已，本质的内在原则呈现于整体中的每一个点上……它假设整体具有一个特定的本性，准确地说就是一个“精神性”整体的本性，在这个整体中，每一个元素都是作为总体的表现，即总体的部分。[①]

现在，路易斯·皮埃尔·阿尔都塞的批判并不包括作为“马克思自己所承认的，他从黑格尔那里继承来的肯定性的遗产”的辩证法概念[②]。他的批判首先是针对有机总体的观念论概念以及因果律的特定形式，即生产方式理论中的表现性。不可否认的是，这一批判为如下事实所加强：与第二国

---

① ［法］路易斯·皮埃尔·阿尔都塞、［法］艾蒂安·巴里巴尔，1970，186—87。

② ［法］路易斯·皮埃尔·阿尔都塞，1972，174。

际以来的马克思主义教条相反，马克思的著作并不包含一种完备的生产方式理论。这一教条也是导致关于俄国历史情势的马克思主义分析出现分歧的根源。事实上，列宁对考茨基的批判，对经济主义的批判，这都是反对总体的有机性概念的。然而，这却并没有阻止尼古拉·布哈林（1927）的历史唯物主义无批判性地吸收了生产方式概念。阿尔都塞理论试图在将有机总体的观念论概念替换掉的同时不抛弃这样一种观念，即每一既定历史情势中的单一整体（single whole）的观念。这一观念用最简单的话说就是："国家和意识形态不仅仅是经济的表现，他们在一个由其中一方面主导的结构整体中是自主的，而这个主导性就是经济的最终决定。"①

结构，即既定系统中定位之可能性的组合体，这是阿尔都塞从现代科学那里借来的，它在阿尔都塞这里主要被用于批判先验主义，是理论上攻击经济主义与人道主义的支柱。然而，尽管今天对这一解决方案的不满还常常浮现，也不论阿尔都塞自己在其晚期的自我批评（阿尔都塞，1972，126—42）中说过什么，首先，他的结构概念基本上隐含了两点。一方面，它被用于建构一个内在的和反目的论的总体概念，换句话说，就是一个不与自身同一的总体，一个辩证化（dialecticized）的总体，诸结构的结构。就此而言，也正如阿尔都塞自己所指出的②，他的结构概念不同于严格意义上的形式主义的结构主义模型，毋宁说是受到

① ［法］路易斯·皮埃尔·阿尔都塞、［法］艾蒂安·巴里巴尔，1970，313。
② 1976，135—40。

他对斯宾诺莎的“唯物主义”解读所启发。其次，紧随着这同一个斯宾诺莎主义的驱动，这一结构概念为过度决定（over-determination），即一种关于因果性的非线性设想，开辟了道路，旨在作为一种对机械因果论和有机因果论的批判。[①] 我们也不要忘了结构的这一内在性概念与20世纪两大主要计划——苏联和中国——的理论含义是密不可分的，苏联和中国的阶级构成以及联合的历史情势之中的理论含义与关于生产方式的教条主义马克思主义教条是相去甚远的。

《意识形态与意识形态国家机器》一文做的一切就是考量社会关系的相对一贯性，就此而言，它是上文所描绘的那种批判的部分实现。它试图回答如下问题：“如何保证生产关系的再生产？”[②] 阿尔都塞的“质询”（interpellaton）概念对应着生产关系的再生产的条件。在这一方面，用一种非黑格尔式的整体概念来说，主体概念应该被严格地理解为个体的臣服（subjection）。意识形态并不“创造”或“生产”主体，与麦肯纳[③]对阿尔都塞的解读相反，意识形态是这样一种功能，它将一种固定的阶级身份分配给这个或那个个体，臣服本身是由作为体系的资本主义生产的，而并非由意识形态生产出来。这就是为什么阿尔都塞说，质询这一特定操作将“臣服”与特定形式的认同联结在了一起。

---

① 过度决定这个术语是借自于弗洛伊德。关于［法］路易斯·皮埃尔·阿尔都塞的内在性哲学之意涵的讨论超出了本文的范围。关于［法］路易斯·皮埃尔·阿尔都塞的内在论中这个问题的更细节的讨论，参见 Fourtounis，2005。

② ［法］路易斯·皮埃尔·阿尔都塞，1971。

③ ［英］麦肯纳，2014，145。

阿尔都塞理论最直接的优势是指出，对像教育体系、司法机器或文化产业这样一些具体机构的彻底分析的需要。作为一种框架机构，它在许多不同的领域是富有成效的。巴希尔·伯恩斯坦（Basil Bernstein）关于教育体系的著作，让—路易·包德瑞（Jean – Louis Baudry）在电影研究领域和视觉媒体领域的影响，还有弗里德里克·詹明信（Fredric Jameson）对马克思主义文学解释理论的重释，这些都只是其中很少的一些，但却非常值得注意的例子。

我们还必须澄清另一个被麦肯纳极大误解的基础术语。阿尔都塞坚持，个体与其生存条件之间的关系——即剥削与镇压——是以一种想象性的形式再现的，这一想象性形式与意识形态一样：

> "人们""向他们自己再现的"并不是他们真实的存在条件，他们真实的世界，而是他们与那些向他们再现出来的存在条件的关系。正是这种关系才是对真实世界的意识形态（即想象）性再现的核心。①

阿尔都塞对想象性这个术语的使用不可否认是受到了拉康理论的启发。但它的主要功能是消除所谓物质世界在心灵中反映与扭曲这样一种简单的模式，这就好像心灵是能够与它所反映之物区分开来的抽象空间似的。这是关于再现的一种颇为直白的观念，就好像再现是意识形态功能

---

① ［法］路易斯·皮埃尔·阿尔都塞，1971，164。

的场域，麦肯纳用下列术语重述了这种观念：

> 因为，照阿尔都塞的方法论，我们人类不能达致我们作为主体存在的本真的条件，所以阿尔都塞被迫乞灵于另一种法门以保证政治实践的可能性。在现实的意识形态中本真地把握存在的“真正的”条件是不可能的，然而我们却可以“想象”它们。①

阿尔都塞的意识形态国家机器理论之中的政治实践的可能性与我们想象它的可能性毫不相关，这里的想象性并非指我们直观或想象力的官能（faculty）。直观意义上的想象力与关涉再现之组建的想象（imaginary as referring to the organization of representation），这是两个相当不同的概念。在阿尔都塞那里，意识形态是既存秩序的再生产的条件。阿尔都塞将拉康的术语由精神分析领域转向马克思理论，这一点的确应当进行反思，这样一种转换的隐含之意也的确会造成更多的矛盾，但是，这与误解作者原本的论点可是两回事。

这样一种误解——一直伴随麦肯纳关于意识与客体世界之关系的断言——一再地证明了，关于主体性的这种观念论概念很久以来就给把握“马克思的批判”的完整含义制造了障碍。由马克思（和弗洛伊德）的发现所激发的、对笛卡尔式主体的批判在麦肯纳的论证之中缺席了。正如在此前“回到黑格尔”那样，主体被视作统觉的例证，视

① ［英］麦肯纳，2014，147。

作与物质客观性相对立的自我意识的场域，视作那最终将同化客观性的内在空间。这就是为什么[①]认为在他所谓的意识形态与“社会存在”之间存在矛盾；社会存在是与意识形态/意识相对立的东西，就好像社会存在，即社会生活的物质性展开于一个外在于社会关系的抽象空间，就好像意识形态是可以与社会关系的组织分割开来似的。这无疑是从马克思那里的倒退（譬如在《资本论》第一卷当中货币形式是如何被论说的）。

像麦肯纳所声称的那样从意识形态理论解读出一种康德式框架，这是不可能的，除非我们混淆主体（subject）概念与历史施为（agency）。康德的物自体需要被恰当地理解。对于康德来说，物自体作为概念，它为康德所构想的“理性把可知的与纯粹存在相混淆”的错误提供了一种解决方案。在《判断力批判》当中，那个归属于物自体的、过于简单的范导性功能显得要比康德在第一批判中所想象的要复杂得多。这里的问题——它包括“自我”与客体世界的关系——在第二批判中绝对律令（categorical imperative）的后果（consequence）当中已经很明显了[②]。物自体的侵入——作为一个超越于知性范畴的客体——在第三批判中被转化为某种肯定性的东西，即处于直观与知性之间的一

① ［英］麦肯纳，2014，146。

② 《纯粹理性批判》把欲望的功能视为内在于理性的一种力量。理念在先验的层面具有一种规范性功能，但是实践理性在一个更高的层面上规范了理念，统一了诸理念。这就是为什么康德在《实践理性批判》中从欲望的问题展开。参见《纯粹理性批判》中“先验方法论”一章（［德］伊曼努尔·康德，1996，A805/B833），关于欲望的概念，参见此书A796/B824。

道断裂，它直接与目的性（Zwechmassigkeit）[①] 相联结。起初是谢林的批判，然后就是黑格尔的更为著名的批判，他们从一开始就认识到了客体在现象中的呈现，接着便沿着不同的道路走向了现象自身的辩证法。而上述这些与阿尔都塞的意识形态理论都并非直接相关，因为他的意识形态概念并不建基于虚假意识与真实意识的对立之上。他的理论最终设定了相互关联的再现（interconnected representations）领域。对于阿尔都塞来说，社会存在已经卷入了每一种生产方式特有的意识形态领域中。

关于施为（agency）与社会阶级之间对立的问题都意味着什么呢？有一点我们必须清楚：马克思写的并不是一本关于资本家的书，他写的是资本及其学说，即政治经济学。现在，暂且不管关于意识形态与资本的关系马克思的公式讲说得有多明白，它至少指出资本家的形象就是资本的代理人。马克思的工作阐明了所谓资本主义的结构形态。马克思发展了这样一种理论，它站在对立这边，这一对立在每一具体历史情势之中，都表现为一种政治性地表述出来的抗拒——抵制公有化这一解放计划——的结果。这一公

① 知性范畴处于和客观合目的性的关系之中，后者也就是自然的目的（Telos）。在第三批判中，［德］伊曼努尔·康德论证说，从客体内容的层面来看，判断无法与之保持一个有目的的关系，但判断力作为一种能力自身是有目的的（［德］伊曼努尔·康德，2000，§5：189）。一朵玫瑰是美丽的，这一判断并不包含关于玫瑰的任何认知信息。而这一鉴赏判断的可能性本身，它的有效性本身，证明了一个更高的合目的性。这就是为什么第三批判是关于判断力本身的，因为合目的性只能在这种能力本身中被找到。因此，康德能够在世界的统一性上建立起普遍性。所以，第三批判的第二部分讨论了目的论。直观/想象（einbildung）以及表象（Vorstellung），在两种形式的合目的性中扮演了关键的操作性角色。［参见卡西尔（Ernst Cassirer），1981 以及德勒兹，1963。］

式之所以关键，正在于我们不像某种黑格尔主义，需要设定一个社会存在与自我意识最终相同一的乌托邦，就好像他们是给定的、先天的悖反点（antinomical poles），就等着自在自为的存在的最后综合。正如自从20世纪以来的理论争论所表明的，上述叙述是资产阶级意识形态本身的一部分，永久地推延了任何解放计划，直到历史的终结。历史并不会仅仅因为资本主义被超越而终结。我们应该特别感谢阿尔都塞的至少有一点，就是他澄清了存在于马克思理论基本操作与唯心主义哲学概念教条之间的决定性差别："实际上，马克思主义哲学用完全不同的范畴而且按照完全不同的范畴来思考，它们是：归根结底的决定（完全不同于唯一的起源、本质或原因）、关系的决定（同上）、矛盾、过程、'波折点'（nodal points）（列宁），等等。总之，是以跟古典唯心主义哲学完全不同的思路，按照完全不同的范畴来。"[①] 而关于哲学的主体概念，他也就内在于或围绕着马克思主义文献的大量争论得出了如下结论：

> 在提出"没有主体或目的的过程"这一论点时，我想要简单而明白地说明这一点。马克思主义哲学要成为辩证唯物主义的哲学，就必须跟这种唯心主义范畴决裂，这种唯心主义范畴是把大的主体看作起源、本质和原因，大的主体在其内在性中为外在"客体"

① ［法］路易斯·皮埃尔·阿尔都塞，1976，96，译文参见阿图赛《自我批评文集》，杜章智、沈起予译，远流出版事业股份有限公司1990年版，第115—116页。

的所有规定性负责。[①]

一种不同的批判

按下来，完全可以把阿尔都塞的意识形态国家机器理论设想为一种有局限性的理论，它一方面被限定在既定秩序的再生产中，另一方面又被限定在这样一种区分中，这一区分存在于个体对上述既定秩序的臣服与革命情势的施为（agency）之间。这一区分的确是一种历史性规定，因为它联结了社会存在的两个隔开的时刻，即体系的再生产与体系的崩溃。除了有一点：如果我们按照再现的非同一（non-identity of representation）的辩证法的含义，那么想象性维度将不会没有剩余或超出的元素。这在阿尔都塞那里并没有被清晰地理论化。事实上他的理论正是止步于这一点上。

更重要的是，将之解读为阿尔都塞式认识论框架的局限，而不是回避这一缺点。换句话说，阿尔都塞的理论的问题并不是它失败了，成了具有局限性的理论——或者用“反后—马克思主义”的作者的话说——这里的困难并不是说，阿尔都塞的理论是意识生产意识的哲学，不是某些人可能归之于譬如费希特的，那种自我与非我的交互反思的哲学。阿尔都塞的缺点不如说是恰恰相反，它受限制得太厉害：问题在于，它没能出于理论动机，为超越哲学的意识概念的施为（agency）指派一个空间。此外，在阿尔都塞

① ［法］路易斯·皮埃尔·阿尔都塞，1976，96。

理论中对生产与再生产的区分，使得对某些问题——即在其完满发展形态下的资本主义逻辑的循环性——的考虑也成为不可能，进而，社会关系的生产与再生产两者相互结合的时刻也就落在考虑范围之外了。这对于声称要考虑社会关系的再现组织的理论来说，是成问题的。

西奥多·阿多诺曾经领先于他的时代注意到这一关键时刻："……当下社会是社会性的必然的显像。"① 所谓社会性的必然的显像意味着，在所有问题当中，再生产的条件以及生产过程的发生这两者趋向于集中，而正是这一集中化趋势能够说明再现的形式与结构。在生产与再生产之间的分析性区分一开始是必要的，但是批判地说，对于质询机制的理论的发展形式而言，这又是不够的。这并不是要使阿尔都塞的质询理论本身无效化，尽管它运作的领域需要修订。将想象设想为资本循环的一个运作性部分，而不仅仅是将之视作嵌于再现当中的一个构成要件，将更有成效。或者从另一方面看，再现结构就是生产的一部分。因此，阿尔都塞对想象这一术语的引入，精确地嵌在这样一个历史节点上，这一节点是生产与再生产之间、表现与再现之间的非一区分（in-distinction），这毋宁说揭示了在20世纪60年代晚期工业资本主义当中已然可见的一种趋势；这是他的哲学还不足以概念化的趋势：形象一产品的生产在全球范围内使资本的完整流通闭合了，而正如德波（艺术家和理论家）曾经预料的，结果就是"作为全球的虚假

① ［德］西奥多·阿多诺（Theodor Wiesengrund Adorno），1969。

化的虚假的全球化”（the globalization of the false as the falsification of the globe）[①]。再一次地，没有什么是抽象的，或者借用马克思对货币形式的分析，这就是“具体的抽象”：同样就是在20世纪60年代的最后几年里［阿尔都塞曾经批判为黑格尔式总体的东西，即诸部分的总体（a pars totalis），它已经物质化、具体化为现实］，即家家户户当中的电视机，它已经被表现为现象的整体，而正是通过这样做，它将存在于生产场域与再生产条件之间的、存在于呈现的现实及其再现（presented reality and its representation）之间的、有偏向性的非—区分（in-distinction）实例化了。但已经很明显，这样一种解读，事实上是对阿尔都塞的意识形态国家机器的历史化，这需要一种更为根本性的转变，这种转变是在如下意义上的，即我们将“马克思的批判”理解为既超越了阿尔都塞的认识论策略，也超越了黑格尔式的前马克思的马克思主义。

2. 马克思与“哲学家的奴隶”

让我们再次回到麦肯纳及其黑格尔主义：他的黑格尔派教理的基本主张如下：存在一个哲学之谜。这个谜——根本上说，就是哲学规定为客体之物同与之相对的作为主体、意识的东西之间的非一致（non-coincidence）——这与马克思主义中，将基础上层建筑割裂的机械决定论相同。然后就是黑格尔式的解决方案，它取消了、克服了主体与客体之间的对立，但是黑格尔式马克思主义补充说，关于

① ［法］居伊·德波（Guy Debord），1991，10。

主体与客体的最终和解，黑格尔的解决方案未能准确指认出主客体和解的最终制定。是马克思找出了那个解决对立的恰当的最终施动者（agent），然后，他把资本主义物质性现实中的无产阶级当作哲学之谜缺失的那一块为故事做了最后陈词。

> 对于无产阶级来说，客体的意识、社会世界的意识、资本主义体系的意识，同时也就是自我意识的问题；无产阶级就是商品形式的承担者，也就是说是一件活的商品；对她来说，关于客体的知识同时也就是关于自身的知识。①
>
> 因而，哲学借以在历史存在之顶点找出其自身深藏之谜的具体答案的工具，同时，历史存在也与哲学相遇，而在作为媒介的哲学中，历史存在实现了其最完满的自我表现。②

解决客体与主体之间的哲学的二元对立，而不诉诸精神的自我同一性，这是否是错误的陈词滥调，这并不是问题所在。关键的问题在于，作为决定性的环节的无产阶级，按照这种考虑，是通过做出回应获得其历史重要性的，不仅如此，它还得按字面意义成为一个哲学家所提的问题的答案。只有当它解决了耶拿或柏林的那位哲学家的问题，历史本身才能复活，才能成为一种鲜活的存在。客体，在

① ［英］麦肯纳，2014，151。

② 同上。

德国传统当中被描绘为客体（Gegenstand），它站立在主体之前，是一个内在一致的实体，它把自我意识这另一个同样哲学化的概念共享着清晰的界限。在这种情况下，共产主义计划要通过回应哲学家关于界限——即既统一又区分这两个哲学范畴的东西——的问题，而获得其有效性、力量和真理性。在这种理论框架中，所谓外在于意识形态的可能立场的必要条件根本不是无产阶级，而是那个规定此本体论对立的哲学家；正是这位哲学家在它的概念教理当中把握了最终的调和。换句话说，无论是无产阶级还是生产力，它们都不能解决这个本体论之谜；哲学家的心灵（mind）已经划定了可能的关系的范围，而正是这一心灵，从历史的终点看下来，挑选出无产阶级作为某种知识的承担者，这种知识将异化的客体重新整合起来，重获其自身的同一性。

这种超观念论（hyper-idealism）赋予物质以属性，这些属性还是精神希望归为己有的那些。我们能够更为清晰地探讨这一超观念论的更为政治性的后果。工人的形象基本上就像是柏拉图《美诺篇》中的奴隶（1990，84D—86C），奴隶在那里是为了给摆在他面前的一个谜给出正确的解答，也只有这样，哲学家才能够得出结论说，奴隶就其本质而言就是某种知识的承担者。正是在这一点上，马克思的批判计划与黑格尔及黑格尔主义分道扬镳了。自柏拉图以来，我们就知道，提出问题，就等于回答了一半，这一情况在马克思的《资本论》当中被超越了。他并不是反对哲学家，也不是反对他们的问题，而是从一种外在于哲学家的问题的立场上，给出了对哲学及其概念的批判。

具体地说，这意味着对一个新的问题的表述：并不是“存在就是纯粹存在，而不是别的什么”，而是某种对哲学家来说相当陌生的东西，即商品。对商品的分析是对哲学客体的客体性（object-hood）的一种精准的批判。就其普遍形式而言，它是具体的抽象，这一客体只以“拜物客体”（Fetisch-Objekt）的形式呈现。正是这样，马克思在《资本论》开篇的第一卷的分析方式，与哲学拉开一段清晰且批判性的距离。

马克思的批判计划指出了理论应当与历史保持这样一种关系。对一个既存的历史情势、阶级构成的分析的所有术语：阶级构成、马克思对他在《资本论》第三卷中称作完整的资本流通的转化的分析、货币形式的理论、剩余价值理论，都为我们提供了一种有力的批判——这是因为这种批判始终保持在由解放运动，即一个共产主义计划所提出的问题的范围内。在这个意义上，它外在于存在与意识之类的概念。它的方法论首先是站在政治一边的。

我之所以谈及柏拉图的《美诺篇》，那是为了阐明那条将“马克思的批判”与哲学家的立场区分开来的断裂。在一个颇为不同的实践（praxis）领域，精神分析师拉康曾经指出运作于上述对话录中的著名场景背后的幻象，当苏格拉底让这名奴隶向另一名自由人（另一个主人）展示他所知道的几何学规则，这就是从奴隶这里抢夺他的知识，正是一种榨取（extraction）行动①。

① ［法］雅克·拉康（Jacaue Lacan），1991，22。

这也解释了麦肯纳之流的所有手段。当他指责所谓“精英分子”“令人费解的风格”之类的时候，这些指责准确地说都可以解读为来自我们时代的主人的指责，他沉溺于现成之物中，而这些东西都具有这样一种明晰性，也就是将投入商品—文本当中的劳动的痕迹抹去，这种商品—文本是支撑着一种哲学欲望的现成之物，这种欲望追求仅仅作为沉思的对象的存在的直接性。在这个意义上，这些言辞之间所流露的这种同情，是对受消费模式掌控的自我意识得以巩固的欢呼。就其对绝对的、无条件的同一的急切追求而言，即使在最好的情况下，它也将与浪漫主义的世界观（Weltanschauung）相一致。诺瓦利斯的一个著名的断片概括了这种世界观的核心：“我们到处找寻那无条件之物（das Unbedingte），每每找到的却仅仅是诸条件（Dinge）。”[①] 发现操控着这些言辞的幻象并不困难；奴隶可能知道一些被隐藏起来的、神秘的东西。资产阶级可能害怕这种知识，但理性的清单（list of Reason）急于抽取并同化这个被假定为针对其自身之谜的决定性的解决方案。

这种黑格尔主义的哲学家—主人幻象可以很容易地与其想象的敌人——在那篇例证了我们的论断的文章中，它们被称为后马克思主义或精英知识主义——联结在一起，这一点并没有什么令人惊奇的。这些“后马克思主义”知识分子当中的一员就是哲学家阿兰·巴迪欧。巴迪欧的战略选择是将本体论从哲学的地盘上撤下来，而将数学家的

---

① ［德］诺瓦利斯（Novalis），1991，383－406。

领域当作本体论考察的领域[①]。通过这样做，哲学家就仍然是那个表述问题的人。只有他可以判断说第三个人（读者），另一个人，就是数学家，正在进行本体论工作，而本体论的定义与界限都已经由哲学家给定了。就巴迪欧的例子而言，这是一个自洽的策略，因为他的学说目标明确地要保卫哲学，同时旨在保留解放运动的激进意图。而在麦肯纳的黑格尔式马克思主义那里，我们则倒退到落后一步于这一策略的超观念论，而且它的结果就是某种为文体特征所中介的道德。

计划性的历史化（Projective Historicization）

"马克思的批判"超出了阿尔都塞的认识论与黑格尔式的历史的终结，它的特殊性就在于它所宣称的东西上；《资本论》提供了一种政治经济学批判，这是解放计划的一部分。从这里还引申出两点。第一，就我们所讨论的一种共产主义理论而言，马克思主义者仍然是唯物主义者。他们并不赞同一种没有斗争（conflict-free）的天堂的神学观点，这种观点导向了一种本质上被决定的历史终结。相反，作为共产主义运动的一部分，马克思的理论对现在和未来的社会和国家形态之中的任何观点、任何意识形态都采取批判的态度。这是他们永恒的、无间断的工作，因为马克思的批判既不是哲学也不是科学。相反，它是一种从历史时刻生成的角度出发的批判，是一种对当下情况中的可能性

① ［法］阿兰·巴迪欧（Alain Badiou），1988。

的条件的考察。之所以“马克思的批判”仍旧是正确的且具关切性的，那是因为它不断地重建与社会运动的关联，而伴随着这些社会运动的进程，不断产生出理论结论的时刻。这一论纲之所以是唯物主义的，那是因为它并不是从所谓物质对观念的决定性的优先性出发。这一决定论就其根本来说正是纯粹唯心主义的。唯物主义并不是哲学家心中的“观念”的一部分，这些哲学家谦卑地将物质视作其第一原则，从而将物质恢复为绝对精神，这种绝对精神现在已将其对立面收入自身之中。作为对这一被调和的各对立面的和解的顶峰进行思考的哲学家，黑格尔已经令人信服地取得了那么大的成功。马克思的唯物主义是这样一种唯物主义，在这一唯物主义当中，概念、思想以及任何再现的辩证内核，这些都要跟随着生产之社会关系中的不断展开的运动；它们都属于这样一个世界，它并不是由我们所想之物构成的，而是由当我们认为我们正在做一些事情的时候，所做的东西构成的。它之所以是唯物主义，是因为它坚定地支持不可调和的二元论，作为其公理的阶级斗争，这正发生在思想的紧要关头，在这里之前的哲学家提出了存在的逻辑。在马克思的批判中，哲学的特权地位，存在作为超越存在物（existence）的多样性的太一之物，这些都被占领了，被接管了，被排空了，这并不是通过对存在的多样性的赞歌，而是通过对哲学的本体论旨趣的批判。

第二，尽管马克思的批判是在哲学的教理之外进行的，但无论如何它是被哲学概念所影响的。对哲学的批判是反哲学的，但却不是非—哲学的（a-philosophical）。上述这两点含义都需要结合起来作为“马克思的批判”的轴心线的历史性概念来进一步发展。

历史主义

我将通过回到马克思的《资本论》当中常被征引的历史主义，来解释上述那一点。在《资本论》第一章，在它那经常被征引的关于商品形式的分析过程之中，马克思提及了亚里士多德关于交换活动的论证，在展示了亚里士多德在其分析中是如何止步不前的之后，马克思加了这么一句：“可见，亚里士多德（Aristotle）自己告诉了我们，是什么东西阻碍了他作进一步的分析，这就是缺乏价值概念。”①

这一概念对于亚里士多德来说并不算是个概念，因为人类劳动——价值的一般概念——还并不是当时社会现实中的一个一般性的术语。将这一整段话摘引下来，这一点很重要：

> 但是，亚里士多德没有能从价值形式本身看出，在商品价值形式中，一切劳动都表现为等同的人类劳动，因而是同等意义的劳动，这是因为希腊社会是建立在奴隶劳动的基础上的，因而是以人们之间以及他们的劳动力之间的不平等为自然基础的。价值表现的秘密，即一切劳动由于而且只是由于都是一般人类劳

① ［德］马克思，1971，65。

动而具有的等同性和同等意义，只有在人类平等概念已经成为国民的牢固的成见的时候，才能揭示出来。而这只有在这样的社会里才有可能，在那里，商品形式成为劳动产品的一般形式，从而人们彼此作为商品占有者的关系成为占统治地位的社会关系。亚里士多德在商品的价值表现中发现了等同关系，正是在这里闪耀出他的天才的光辉。只是他所处的社会的历史限制，使他不能发现这种等同关系"实际上"是什么。[①]

这段话在阿尔都塞的《读〈资本论〉》当中被当作历史主义趋势的一个例证来攻击，因为，马克思在这里所说的是，作为其时代之子的亚里士多德只能在古希腊社会的范围内进行思考。阿尔都塞的批判——自20世纪70年代以来的文献之中它已经被广泛地讨论过了——针对的既是历史主义所赋予的相对主义，也是这样一种关于过去的静止的概念，就好像过去是无数现在的切片的一个有序接续。阿尔都塞自己的解决方案植根于认识论当中：

我们和马克思都处在这样一个非常重要的历史性断裂的场域中，这并不仅仅是在历史科学的历史之中，也是在哲学史中，更准确地说，是在理论的历史中；这一断裂（它使我们能够解决科学史中一个时期化了的问题）与一个理论性事件——历史科学中的革命，

① ［德］马克思，1971，65。

以及哲学中的革命，是由马克思通过将之建构为一个问题式而引入进来的。①

这段引文设定了两点，首先是关于生产方式的定义，这里的生产方式是被区分开的诸结构的总体而非表现性的总体，其次，则是认识论断裂，这是从巴什拉那里借用过来的，但是它已经被阿尔都塞彻底改造②。接着，通过生产方式进行的分期被如下两点结合所最终解释了，这两点是生产的社会关系以及作为生产力的核心构成的生产工具③。最后阿尔都塞将历史理论定义为“诸生产方式的理论”(197)。他还添加了如下要点：

> 关于生产方式的知识被认为为提出和解决过渡问题提供了基础。这就是我们能够预期未来，而且并不仅仅对未来作理论构想，而且能对所有向我们保证未来之实现的道路与手段作理论构想的原因。(198)

具体地说，亚里士多德关于交换逻辑的论证之所以止步于那一点上的原因，并不是因为他无法在他那个时代所提供的框架之外思考，这一框架是联结着思想与物质的共同呈现的网络。按照阿尔都塞的说法，亚里士多德的问题正在于如下事实，马克思——是他发现了剩余价值的核心

① [法] 路易斯·皮埃尔·阿尔都塞、[法] 艾蒂安·巴里巴尔，1970，154。
② [法] 艾蒂安·巴里巴尔，1978。
③ [法] 路易斯·皮埃尔·阿尔都塞、[法] 艾蒂安·巴里巴尔，1970，173，177。

概念，正是他能解决交换价值之谜——从一个优越的立场（对于阿尔都塞来说这是一个科学的立场，尤其对于知识的结构来说是一个认识论断裂）才能够发现，古希腊的局限正在于缺乏劳动力的一般概念。

现在，批判地说，这一认识论解决方案仍然是不能令人满意的，这是因为一个简单的理由，即在结构排列意义上来理解的那种知识的发展并不能解释，为什么马克思一开始就能够发现浓缩在商品形式当中的客观关系。换句话说，认识论断裂的可能性条件仍然局限在如下两点的对立之间，即作为叙事的历史和作为否定性的断裂之间的对立，这一断裂是从外部侵入结构的。否则的话，结构就是一个分析模式，它要为与结构自身的内在逻辑相一致的各种排列（permutations）负责。它并不允许破裂（rupture）或断裂（break）概念所隐含的时间性的转变（temporal transition）存在。

然而，这里也有另一种选择：我们抛开阿尔都塞认识论的托勒密式烦琐，使这些术语相对化（relativize），插入一个最小限度的改变，将此论题表述为：马克思之所以发现价值的一般形式，这一点并非由于那属于给定的知识（无论是否被叫作科学）的内在过程和排列，而是由于这样一个事实，即他只是简单地跑在了时代的前头。有一种解放运动内在于他的理论当中，这种理论不仅是通过观察社会运动，而且是通过与这些运动一同前进才得出的，它以某种确定性为依据，穿越了犹豫不决的门槛，而这一确定性的来临只属于这种运动本身。于是一种时间性的维度就与运动本身纠缠在一起。因此，马克思的批判的确穿过了知识的领域，它与政治经济学或黑格尔哲学相互作用，但是这一批判的出发点却在上述知识领域之外，同样地，它的目的是对上述社会运动的介入。这一考虑既不拒斥历史的结构性叙事，也不拒斥“历史的终结”这一有利位置，但它却将这些术语相对化了。从一个可能的未来的角度将过去（这也只是当下的过去）总体化，这产生于正在当下展开的批判时刻，而这一批判时刻只有通过投射（projection）本身才显现出来，我将此称为计划性的历史化（projective historicization）。这里的批判性时刻，即 19 世纪当时的危机，就是工人阶级的涌现。就在这第一章之中——在这里马克思讨论了亚里士多德与劳动的社会形式——在关于商品拜物教的著名片段中，我们可以看到：

> 最后，让我们换一个方面，设想有一个自由人联合体，他们用公共的生产资料进行劳动，并且自觉地把他们许多个人劳动力当作一个社会劳动力来使用。在那里，鲁滨孙劳动的一切规定又重演了，不过不是在个人身上，而是在社会范围内重演。鲁滨孙的一切产品只是他个人的产品，因而直接是他的使用物品。这个联合体的总产品是一个社会产品。这个产品的一部分则作为生活资料由联合体成员消费。因此，这一部分要在他们之间进行分配。这种分配的方式会随着社会生产有机体本身的特殊方式和随着生产者的相应的历史发展程度而改变。仅仅为了同商品生产进行对

> 比，我们假定，每个生产者在生活资料中得到的份额是由于他的劳动时间决定的。这样，劳动时间就会起双重作用。劳动时间的社会的有计划地分配，调节着各种劳动职能同各种需要的适当的比例。另一方面，劳动时间又是计量生产者在共同劳动中个人所占份额的尺度，因而也是计量生产者在共同产品的个人可消费部分中所占份额的尺度。在那里，人们同他们的劳动和劳动产品的社会关系，无论在生产上还是在分配上，都是简单明了的。[①]

"共同劳动"（马克思，1971，82）的形象，完全是19世纪共产主义语调的《太阳城》，它是与可以想见的未来相关联的一点，而正是从这一点出发，《资本论》前面部分关于商品的分析才能够进行。理解这一点，对于消除一种可能的误解也是关键的。计划性的历史化（projective historicization）的概念与观念史完全无关，观念史并不考虑它自身在当下的位置。而在这里，对这样一种位置的翻转是至关重要的。超越认识论或哲学的路径，关键就在于那属于投射（projection）的时间性（temporality）本身以及它的历史定位：解放性批判的不合时宜的适时性（untimely timeliness），"跑在我们的时代前头"的可能性，这些都是在一场运动中决定"站在转变这一边"的产物，这些转变就发生在运动当中；而理论则是这一运动的空间性

① ［德］马克思，1971，82。

呈现。

两条结论性评注

计划性的历史化（projective historicization）就是“马克思的批判”的特征。它并不试图将历史性的意义注入批判当中。历史性在此批判理论当中恰恰是计划性的历史化（projective historicization）的产物。由此，作为叙事或变化的历史所暗示的历史时间的二重性（two-foldedness）并不是一个有待克服的矛盾，相反，历史时间的不可调和的二重性恰恰是这一批判理论的基础。作为叙事的历史意味着，历史事件可以被“解读”为一个可破解的文本。然而，计划性的历史化（projective historicization）却意味着，这一文本和破解行动二者都归属于运动自身的内在变化（shifts）、转向（turns）、偏离（swerves）。它们并非外在于叙事结构，仿佛是完全不可呈现的实在，或者是由外部突入叙事当中的一个缺场的原因，就像弗雷德里克·詹明信所主张的那样（他多多少少步了阿尔都塞的后尘）；恰恰相反：正是这些变化产生出的瞬息万变的时刻，使得叙事结构得以成为一个结构。另一方面，实在就位于那渗透在历史性中的游离的、非综合的二元性之中。

第二点结论：马克思关于德国观念论传统的论纲开创了一个新的研究领域：“哲学家们只是用不同的方式解释世界，而问题在于改变世界。”（马克思，1976，8）这条论纲是一条肯定性的主张。它并非消除哲学，而是展示出一项不同的理论事业的蓝图，这项事业必将穿过哲学范畴的批判，并超出这些范畴的解释边界。《资本论》从而考察了生存、现象、交换、价值和循环这些概念，这些相关的概念本身构成了一个世界，一个如其所是、也必须被改变的世界。作为哲学抽象的“存在”就是一种“价值”，它是由存在着的关系及其种种转变所产生的。存在（existence）概念应当被理解为一切关系及其展开物的集合，而不是由“存在”的本质的，甚至仿冒的真理所定义的[①]。就此而言，马克思的方法论的特殊性就是对贯穿作为存在之总体的关系集合的穿越性（transversal）运动：这是棉花从殖民地运往大不列颠的工厂，再被人的劳动加工为衣服的历史。而这同一轨迹的另一面是：从使用价值转化为交换价值开始，再到这两个进程的交汇处：即阶级斗争及其反面——剩余价值的生产。如果哲学是“头足倒立的世界”，一种从哲学中解放出来的辩证法，用马克思在《资本论》第二版跋里的话说就是：“对每一种既成的形式都是从不断的运动中，因而也是从它的暂时性方面去理解。”[②]

最后，我们终于可以从一个批判的、马克思的视角来考察这个被扩展的研究领域。它从一个外在于哲学与认识论教条的地方开始，但它却必然要穿过哲学和认识论，并且分裂（split）它们自身。这一分裂对于黑格尔那等待着清教徒式内向性中的绝对太一的降临的辩证法[③]是不相容的。这一分裂当被解读为摩尼教式斗争的两重性（two-folded-

① ［德］马丁·海德格尔，1988。

② ［德］马克思，1971，15。

③ ［德］黑格尔，2011，101。

ness），它将历史一分为二，并始终作为临界点（criticality）的根基。这篇文章写就于我居留于中国的这段时期，正是在这片土地上，摩尼教运动在它的诞生地之外的地方存留了下来，在这里人们常常与这世界上有着久远历史的解放运动的种种痕迹相遇。解放的辩证法与那由社会运动所引发的二重性的世界历史不可分离，而这段历史仍在尘封之中。

参考文献

Adorno，T. 1969. Spätkapitalismus oder Industriegesellschaft. Verhandlungen des 16. Deutschen Soziologentages. Stuttgart. Deutscher Soziologentag，Frankfurt Am Main. The English translation under Creative Commons License，Late Capitalism or Industrial Society. transl：Dennis Redmond，2001.

Althusser，L. 1969. *For Marx*. Translated by Ben Brewster. London：Penguin.

Althusser，L，and E. Balibar. 1970. *Reading Capital*. London：NLB.

Althusser，L. 1971. "Ideology and Ideological State Apparatuses." In *Lenin and Philosophy and Other Essays*. New York and London：Monthly Review Press.

Althusser，L. 1972. *Politics and history*：*Montesquieu*，*Rousseau*，*Hegel and Marx*. Tran. Ben Brewster，London：NLB.

Althusser，L. 1976. *Essays in Self-Criticism*. London：NLB.

Althusser，L. 1995*Sur La Reproduction*（On Reproduction）.

Paris: PUF.

Badiou, A. 1988. *L'être et l'événément* (Being and Event). Paris: Seuil.

Balibar, E. 1978. "From Bachelard to Althusser: the Concept of 'Epistemological Break.'" *Economy and Society* 7 (3): 207 - 237.

Barker, J. Forthcoming. "Missed Encounter: Althusser-Mao-Spinoza." *Angelaki: Journal of the Theoretical Humanities* 20: 4.

Beiser, F. C. 2003. *The Romantic Imperative: The Concept of Early German Romanticism*. Cambridge and London: Harvard University Press.

Cassirer, E. 1981. *Kant's Life and Thought*. New Haven: Yale University Press.

Debord, G. 1991. *Comments on the Society of the Spectacle*. New York: Verso.

Deleuze, G. 1963. *La philosophie critique de Kant* (Kant's Critical Philosophy). Paris: PUF.

Fourtounis, G. 2005. "On Althusser's Immanentist Structuralism: Reading Montag Reading Althusser Reading Spinoza" *Rethinking Marxism* 17 (1), 101 - 118.

Hegel, G. W. F. 2010. *The Science of Logic*. Cambridge: Cambridge University Press.

Hegel, G. W. F. 2011. *Lectures on the Philosophy of World History*. Edited by Robert F. Brown and Peter Crafts Hodgson.

Oxford: Oxford University Press.

Heidegger, M. 1988. *Existence and Being*. Washington, D. C.: Regnery Gateway.

Jambet, C., and G. Lardreau. 1976. *L'ange* (Angle). Paris: Grasset.

Jambet, C., and G. Lardreau. 1978. *Ontologie de la révolution. Le monde* (The ontology of Revolution, the World). Paris: Grasset.

Jameson, F. 1983. *The Political Unconscious*. London: Routledge.

Kant, I. 1996. *Critique of Pure Reason*. Indianapolis: Hacket Publishing Company.

Kant, I. 2000. *Critique of the Power of Judgment*. Cambridge: Cambridge University Press.

Liebich, A. 1979. "Hegel, Marx, and Althusser." *Politics & Society* 9: 89 - 102.

Lacan, J. 1991. *Le séminaire, livre* XVII, *L'envers de la psychanalyse* (Seminar XVII, the Reverse of Psychoanalysis). Paris: Seuil.

Marx, K. 1971. *Capital*, Vol. 1. Moscow: Progress Publishers.

Marx, K. 1976. *Karl Marx, Frederick Engels: collected works, Volume* 5. Moscow: Progress Publishers.

Macherey, P. 1997. "TheProblem of the Attributes." In *The New Spinoza*, edited by W. Montag and T. Stolze, 65 -

97. Minneapolis: University of Minnesota Press.

McKenna, T. 2014. "Against Post-Marxism, How Post-Marxism Annuls Class-Based Historicism and the Possibility of Revolutionary Praxis." *International Critical Thought* 4 (2): 142 - 159.

Nicolaus, M. 1973. Translator's Preface to *Grundrisse: Foundations of the Critique of Political Economy*, edited and translated by Martin Nicolaus. London: Penguin.

Novalis. 1991. "Miscellaneous Remarks (Original Version of Pollen)." *New Literary History* 22 (2): 383 - 406.

Plato. 1990. *Meno*. Vol. II ofthe Loeb Classical Library. Translated by W. R. M. Lamb. London &Cambridge: Harvard University Press.

Rosdolsky, R. 1980. *The Making of Marx's Capital*. London: Pluto Press.

索引与预期

译者：周阳、苏子滢

巴迪欧在偶然性（chance）的边缘搞哲学，这种偶然性被那无法完成的存在的秩序中的每一次骰子的翻滚所超出。这涉及奇异性（singularity）：即事件，它们被命名的决断（naming decisions）历史性地划定边界。由此，为了思考超出情势（situation）之物在情势之中的出现，人们就必须思考事件与专有名词的关系。这种关系是悖论性的，因为超出情势之物只是通过未能到场（default），才成为它降临其中的秩序的一部分。这只发生在某个非—位置（non-place）——即尚未到来的过去中。事件与决断之间的关系是非—关系（non-relation），就像虚空（void）与其边缘的关系一样。我们对巴迪欧事件理论的考察就从这里开始：我们试图通过那属于命名决断的"时间性迂回"（temporal meanders），来把握事件与决断的关系。我们主张，巴迪欧对事件的数学式（matheme）只能通过"二"的逻辑（logic of two）被解释，这依赖于作为介入的命名行动，并以主体的有限性与理念的无限性之间的不可通约性为前提。这一不可通约性会在事件的决断之预期（decision's anticipation）中显现出来。

1. 事件

“偶然性”命名了那闯进既定的诸索引项与诸领域的东西。它建构起一种降临——并非作为非—意义（non-sense），而是作为超—意义（beyond-sense）——像爱情或战争，诗歌或公理那样。它超出了流通中的规定与命题——这一流通发生在既定情势的现存的组织结构中。此事件既不同于深不可测的深渊，也不同于作为深渊终极条件的超验性存在的领域。它既非神圣意志的效果，也非一种浪漫主义的僭越。巴迪欧用理论说明了事件是一种超出之物；是与一个给定情势中的正常的、良序（well ordered）的多（multiplicities）相关的一种非法的剩余：“只有事件——作为非法的连续性——产生出一种超出其自身的多，也就产生了超越有限性的可能性。”

从常态——作为情势中的要素按照既定的规则的组织——的视角来看，事件可以更准确地被定义为“那不是的”（which is not）。如果事件来临，它的来临就总是被定位的。巴迪欧事件理论的核心观点是将事件移除出本体论的领域。事件导致了一种特殊的事件性的（evental）时间性（temporality），它刺穿（puncture）了位置（place）的拓扑结构。我们称之为“瞬间”（the instant）；它既非一个有限的绵延，也非“现在”，而是作为无限在世界的有限回路中的显现；它是多之点（multiple-point），在这里世界的回路接受了无限性。

事件是一种不正常的多，它显现于情势中，而它的诸要素并不事先就属于这个情势；就它的要素不能属于这个情势而言，事件是额外的东西。“事件是非存在降临到存在中，是不可见的降临到可见的里面。”[①] 巴迪欧将其体系建构在再现的废墟之上。然而，他的事件概念也暗含着位置性（locality）。事件是一种打断；它介入情境却不等价于情势。实际上就像巴迪欧在《存在与事件》中所说的那样：“不存在事件性（evental）的情势。”历史中不存在“日历清零重新开始”的这一点：“产生于总体性状态的断裂（disruption）概念是想象性的。”对于存在，就其核心而言，总体只是那被称作“虚空”（void）的东西。事件，无论它是政治的、艺术的还是爱情的，都是由先行的事件和它自己的位置化（localization）规定的；即使这个位置给情势添进了某些东西，这一添加——在其显现中——也不能被化约为任何可位置化的原因。

2. 事件的数学式

巴迪欧将事件表达为一个数学式（matheme），这反映了大写的事件（Event）与本体论的接近性。数学的表达给出了概念的概念（concept of the concept）与数学式的关系，拉康那里的知识（savior）的形式化提取（distillation），巴迪欧主义三分法的要素、哲学思想，数学家的本体论和真理程序（爱情，政治，科学与艺术）的关系。这将我们引向巴迪欧的立场：公理性的推理是存在之为存在（being as being）这一思想的基础[②]，这一立场来自他对将思想限制在

① Alain Badiou, *L'être et l'événement* (éd. du Seuil, 1988), p. 205.

② Cf. Alain Badiou, *Court Traité d'ontologie transitoire* (Paris: éditions du Seuil, 1998).

作为含义的语言界限之内的批判。这一批判认为纯多（pure multiplicity）本身仅仅出现在语言的区分功能瓦解处。纯多既先于“一”，也先于语言的区分功能所呈现的良序（well-ordered）的多；它通过数学思想的纯字母（letter）先行于这两者。这一批判比它乍看起来的样子更为激进。巴迪欧主义批判可被视为在与真理程序、与数学本体论的关系中，对“概念的概念”的重新定义。这里遭遇挑战的是现代哲学——从康德、黑格尔再到弗雷格、罗素——本身，因为这些哲学家的共同点便是这样一种计划，即试图用概念术语重新定义关于存在的思想的可能性条件：概念性内涵的外延（弗雷格）；一切矛盾都消融其中的概念的绝对（黑格尔）；作为概念的普遍性的现实的特殊判断（康德）[①]；语言类型学（罗素）。在巴迪欧的著作中，哲学概念不断被引向作为存在之为存在的公理的书写的数学式的形式。数学式的字面性（literality）是对那从公理性决断而来的知识模式的布置，而概念则囊括了它自身语义相关性的诸事例。那避开了概念的东西在数学式的字面性中重新浮现。在巴迪欧那里，事件的数学式被写作：$Ex = \{x \in X, ex\}$，这可以读作：x 属于一个情势 S，X 是事件的场所（site），而 Ex 是场所的事件。这个数学式表述了场所与事件之间的关系复杂性。我们注意到大写的事件的出现是事件本身这一复合词的两个元素之一。事件 ex 将所有属于事件的位置（place of event）以及事件本身的多（multiples）聚在一起。事实

① See in particular Immanuel Kant, *Kritik der Urteilskraft*, *werkausgabe bd x edn.* (Frank-furt am Main : Suhrkamp, 1974).

上，这个数学式表述了事件性的多（evental multiples）的悖论性特征。“因此，事件是这样一种多，它呈现出其位置，并且与此同时，通过内在于它自身的‘多’的单纯含义，呈现出呈现本身，或者说呈现出它所是的无限的多的一。”[①] 巴迪欧主义的数学式总是存在一个不可判定的时刻：如果事件没有被认出来，并因而没有呈现在情势中，如果从属它的东西没有得到确定（数学家的本体论不允许这样一种悖论性的集群（assemblage）存在——被计数和再计数），如果这样，谁能说这里确实有一个事件？

在废弃掉“一”、罢黜掉存在的单义性之后，在巴迪欧的著作中最终不再有本体论的或哲学上的保证——保证事件应当发生。这里我们达到了一个特殊的极限；不可判定性的时刻，它并非哲学装置本身的一部分。这里的要点正是要去识别无限之物与不可判定之物在情势中遭遇的时刻。巴迪欧将这一刻称为“介入”（intervention）。

3. 命名

事件号召我们在本体论基础之外命名那不存在的东西（which is not），以分辨不可分辨之物。命名并非是给任何已存在于情势中的实体命名——它超越了情势的法则。照巴迪欧的说法，名字是从虚空（void）中猛拽（pluck）出来的；一个鲜亮的新能指。它是这样一个位置，在那里偶然性将已经（will have）把新的东西的痕迹留在虚空之上。巴迪欧的事件理论将后—弗雷格的专有名词理论激进化了。

---

① Badiou, *L'être et l'événement*, p. 201.

如果一个声音通过指称一些存在物而成为一个专有名词［克里普克称之为“刚性指符”（rigid designator）］，这种指称只有基于它本身不是其一部分的纯多才是可能的[①]。

这里，我们必须强调专有名词在巴迪欧事件理论当中的地位。专有名词只是基于（Void）虚空的命名行动的痕迹本身。事实上，虚空（Void）的名字——数学家用符号Ø来指称——在这里发挥了关键作用。如果作为存在的存在既不是从人类世界中割离出来的东西，也不是对所是之物背后的世界的存在这一点的理性遗忘，如果“一”只是存在性的法则，如果我们接受巴迪欧的断言，即作为存在的存在不过就是那没有“一”的纯多，也就是思想本身似乎遇到了意义性（meaningfulness）的深渊——那与存在没有关系的无尽的深度——的威胁。换句话说，作为存在的存在是纯粹却个体化了的不可呈现性（un-presentable），在它面前，思想屈服于那不可言说之物的神秘力量[②]，或者屈服于谵妄（delerium），即一种无名的毁灭的无法接近的实例化。然而“虚空”这个名字也指称这样一个节点：它是思想及其界限的基础性行动的标记。虚空不是一个“一”，这是因为它严格地说就是结构中可辨识出的符号Ø，而结构中的呈现是完全由差异建构的。虚空不是它自身之外的他者，也不是他者中的同一性；它是那由其命名活动

---

① Saul Kripke，*Naming and Necessity*（Blackwell，1980）.

② 这里存在对关于不可言说的“一”的新柏拉图主义形而上学的反思，在这种形而上学中，思想仅仅是一系列的释义。例见 V3，14，1－8 in Plotinus，*Les Ennéades*，Vol. Ⅲ，1967。

而产生的差异的同一性。虚空是“未区分性（indifferentiation）那不可取消的独特性”[①]。如果说命名是对情势的介入，名字则是存在的事件性指示符（indicator）；它将存在与现象统一在一起。然而，在归属于情势的过程中，事件性的位置与源初的虚空分离开了。就这一辩证法，巴迪欧强调了事件的“非存在的存在”（non-being being）的剩余性和超出性，这既非“一”也非虚空，而是从情势的单义性中创造出“二”的东西。

4. “二的逻辑”（The Logic of Two）

事件的数学式表述了“二”的图式：*Ex* 同时代表事件及其场所中的多。事件是作为没有“一”的“二”刻写在“一”与虚空之间。

在巴迪欧的事件理论中，作为拉康爱情理论[②]的根本的“二的逻辑”再次显现出来。的确，巴迪欧提到，在这一点上他的分析与拉康的分析相交叉[③]。“二的逻辑”定义了社会决定的诸个体，在交际和语言的礼仪之外的相遇。这一点很关键，因为巴迪欧的事件理论只能通过命名与“二”

---

① Alain Badiou，*L'être et l'événement*，p. 82.

② 自19世纪50年代以来，拉康就在他的著作中提出了这个主题，尤其是在他的《移情》（*Le transfert*）研讨班中。性化理论中的这一逻辑的数学公式化此后在他的《再来一次》（*Encore*）研讨班中得到了发展。在一句警句式的陈述中，拉康进行了总结，他将上述逻辑设定在真理作为半一说（half-spokens）这一问题的核心当中：“爱情：‘两个半一说却合不到一块’。”（“*L'amour：Deux mi-dire ne se recouvrent pas*”），Jacque Lacan，“*Les non-dupes errent*”，1973—1974（unpublished），8 Jan. 1974. 这一陈述表示，爱是一种相遇，是“二”的两个部分的相遇，而“二”的这两个部分并不能规定为两个个体，甚至也不能规定为两种性格，而准确地说应该规定为一种不连贯的二。

③ 关于对这一点的阐述以及巴迪欧对性化理论的批评，见 Lacan's essay“*Qu'est-ce que l'amour?*” in Alain Badiou，*Conditions*（éditions du Seuil，1992）。

的辩证法来把握。介入分派了那些能围绕着没有“一”的他者性建构起来的关系。这种介入的爱情版本就是相遇本身。从情势的视角来看，*ex* 是那“不是”的，而他者——就其自属（self-belonging）而言——表明自己超出了计数的范围，因而 $\{X, \{ex\}\}$ 这个对子仍然是一个不可通约的“二”。“二”是一种分离性（disjunctive）关系，是一个彻底的他者（Other）（*ex*）和“建构为一”（constructed-as-One）（$\{x\}$）之间不及物的关系。因此这仍然超出了再现的范围的关系，只作为情势的不可解决性（unresolvability）显现。我们简要提及巴迪欧事件理论的两个基本特性：首先，所谓哲学思想，不过就是对那个显现为“超出”给定情势之物的思想。它是一种将来完成时（future perfect）的历史性思想：事件打断情势，不然这就会被简化为事情自然而有序地发生。其次，哲学的思想并非对一个事件的命名，而是对这一由数学式规制的命名活动的概念化。

5. 预期（Anticipation）

现在我们必须详细说明事件理论中的三个操作性元素——介入的非时间性（atemporality）、真理的无限性、存在的逻辑——之间的分离性关系。我们该如何设想一种穿越了这些彼此冲突的领域（register）的运动呢？可以这样说：就人类行动定义了主体性时刻而言，它依赖于时间中的存在（Being），且发生在与“将要已经”发生的东西——即事件性的将来完成时——相遇的那一点。或者说：分离性关系的理论不同于那将行动的可能性的所有条件统一起来的计划（project）——后者是经典逻辑的梦想。它也不同于这样一种历史性：主体与其概念相同一，而由于矛盾从思想中辩证地撤离，这种主客同一变成了自在自为的纯粹概念、知识（knowledge/connaissance）的永恒休眠——这是浪漫主义思想的视域。这种关系通过形式、运动和奇异性（singularity）概念运作；或者换句话说，它追随着多与瞬间之间的联系。

当代教条主义

巴迪欧事件理论独具特色的序列由这几部分构成：无限的多（infinite multiples），情势性序列（situational order），以及介入。在这里，时间首先是作为情势的历史性（historicity）出现的：它是场所与事件、介入与这一介入所激发的多之间的一段间隔（interval）。历史性提供给我们的是从危机处生发的诸历史（histories）、真理（truths）的历史，以及它们被重新整合进情势的已建好的、被编入索引（indexed）的知识（knowledge/savoir）中。这就有了一个问题：我们能想象一个没有接连不断的事件、介入这类东西的场所吗？如果说事件性的呈现（evental presentation）刺穿了再现（representation），如果说作为存在的存在只能作为情势状态的机能失调出现，而现象（appearance）又产生出了超出之物、数不胜数的剩余物以及无限点（the point of the infinite）的位置——进一步说，如果情势只是“已经发生（take place）的事情”的位置（place），难道这不意味着，事件是这样一个范畴，如果没有它的话就根本不会有“位置”（place）存在吗？难道这不意味着情势——作为“多”的呈现的位置、事件本身产生的效果以及互不相容的关系发生转换的位置（topos）——是依赖于事件的吗？那么如果我们不将情势定义为（像亚里士多德主义逻辑或者数学家们的计算会做的那样）一个完全正常、自然的结构布置（configuration），我们又应当如何区分事件性情势与历史性情势（按其完整的含义）？这一问题将我们引向巴迪欧哲学的两个重要方面：首先是如何划定事件的边界，其次是决断的时间性形式（temporal form）的问题。时间不能被简单还原为历史，而是以预期（anticipation）的形式出现。

我们可以以巴迪欧关于教条主义——作为对事件的忠诚性（faithfulness）的残余物——的理论为例，阐明事件的边沿（edge of the event）这一问题的重要性。在当代资本主义世界中，没有什么听上去比那貌似已被自由主义的相对主义克服的教条主义概念更过时的了。然而，官方话语中那为宽容他异性文化所辩护的相对主义，正是植根于另一种教条主义，这种教条主义在其交流（communication）（任何事物都必须成为可用于交流的符号）与教条式真理（我们“容忍”差异性因为只有我们才掌握着关于事物真实本质的真理）中都表现得淋漓尽致。当代教条主义表现得富有责任心且关怀备至：关照它自己以及作为它的对应物的他者。它的话语形式恰恰是对教条主义的拒认，它的操作形式则是我们所说的“新拜物教”（neo-fetishism）。在教条主义的严格规范下，我们的行动所呈现的只是符号流通的金钱性机制的运作——在这里，一切可设想的情况都已被编制好索引（indexed）。古典的资产阶级拜物教（对他们而言，货币还只是默默地被转手，对在背后托着它的人类身体尚无知觉）已经被一种在符号流通中产生并完善的信念（belief）取代，即相信符号的关系能够表现物的关系。当信念本身也是多种价值中的一种，可以通过符号操作被附着到物上，教条式的命令（dogmatic imperative）就变成了“要这样行动：在任何情况下都不能打断交换价值的生产”。然而，就这样从机器下解放出来的身体显得愈加受损、受创伤，需要关照（care）。人，作为言说的身体现在依照着这样一条教条听命于机器，即“身体是可以被取之不尽地剥削的快感（jouissance）的本体论的源泉（source）”。将人身——这一事件与思想的分离性连接的地点——吸纳进符号的流通的这过程，把身体转成了快感—榨取（jouissance-extraction）的源泉。就其自身而言，身体变成了纯粹和沉默的在场（presence），成了另一个对象，封闭了时间回路的偶像（fetish），它被当下的在场（presence）塞满，过去和未来都无法从中逃脱。

在巴迪欧的体系中，对教条主义的讨论直接关注的是介入面对事件的不可判决性（indecidability）的逻辑必然时刻。事件——那些“将会已经发生的（which will have been）”——与介入的关系涉及一个选择（choice）。介入不过是一种选择的事态（conjuncture），它关系到事件向情境中的刻录（inscript）。严格来说，这个选择外在于情势，它既不呈现（presented）也不再现（represented）在情势中：它没有位置（place）。因此，去决定一个事件的发生也就是去力迫（force）这个情势。这一力迫正是事件的不可判决性的结果。

决断产生出多，即那些依赖于事件的东西的出现。巴迪欧将这样一种把与事件的名称联结在一起的“多”分离开的程序称为“忠诚”(faith)。这里的结构框架又是“二”的逻辑。的确，那通过一个决断而将“不是的—事件”的存在与情势连接起来的，正是对事件的忠诚性（faithfulness)。这一“二的逻辑”也出现在爱情相遇中：按照既定的功能“一个接一个”（one-by-one）的计数遵循一个既定的功能，所有其他的“一”(all the other-ones）被当作大他者（Other)。“忠诚”——它内在于那种作为爱情相遇本质的、超越了每个具体情况中的配偶的逻辑——是使一切多得以从在情势下事件之名的流通中产生出来的原因。“忠诚”这一概念是伦理性的[①]。正是这一忠诚对事件的位置性(local）定义保持着忠诚，它是虚空边缘的显现（appearance)，因为没有什么能确保“多”能从某一情势下的事件中产生。这一忠诚是“二的逻辑”的回归。说事件不是再现的一部分就意味着，事件性位置的位置性（local）存在是无法阐明的（non-demonstrable)。或者进一步说，这一位置只能通过一个“先于事件”的决断才能被辨识出来。在决断与事件之间，我们会发现纯多（pure multiple)在特定的历史架构（即情势）中朝向其位置的有秩序地运动。这里我们可以对一种常见的针对巴迪欧的批判——即

① 这里需要在拉康的意义上来理解伦理，即对善（good）的伦理以及康德式伦理的批判。参见 Alain Badiou，*L'éthique*，*essai sur la conscience du mal*（Hatier，1998）。

他的理论对那即将到来之物没有给出任何分析——作出回应。命名的时刻——它由事件所规定——通过命名指示出即将到来的是什么。这暗含着关于即将到来之物的辩证的概念：它以将来完成时态出现，它“并不是”（which is not），但由于决断的缘故，它即将已经存在（will have been）。

预期性行动的匆忙流动（The Hurried Flow of Anticipatory Act）

“主体性”既不是存在论的，也不是本体论的量值（magnitude）。作为模态范畴（modal category），它作为将来完成时态的单一例子（singular instance）出现。这一模态是与命名的决断并存的预期。就其自身而言，决断的模态是预期性的，它作为纯粹的断言（pure assertion），或是说作为无条件的（un-conditioned）行动出现，是历史的瞬间（instantaneous）中断。因此预期并不先于决断而存在，也不是情势前定的规则的一部分。预期既非历史性再现也非规定，它建基于真理的无限性（infinitude of truth）与存在的有限定位（finite localization）这两者的不可通约性之上。这一不可通约性使得主体性行动总是作为“匆忙的行动”（hurried act）出现，它不受时效所限（imprescriptible），因而与情势本身断裂。在拉康1945年的文章“逻辑时间与对预期确定性的断言”（Logical time and the assertion of anticipated certainty）中，我们能找到对这一时刻的原初表述。文中，拉康在他称之为“行动的时间性断句的逻辑”（logic of temporal scansion of the act)[1] 的框架中，对预期进行了理论阐述。他的出发点是那个关于三个囚徒的花絮故事插曲。五个色盘，二白三黑，被展示给囚徒。其中三个色盘被分别贴在每个囚徒的肩膀上，但不让他自己知道它的颜色。每个囚徒都能看到别人的颜色却看不到自己的。监狱长提出，他将放走那个按逻辑推出自己盘子的颜色的囚徒。在随后对这个故事的解答中，拉康区别出三个逻辑时间：看的时间（the time to see），理解的时间（the time to comprehend）与结论的时间（the time to conclude）；拉康得出结论说，做结论的时间假定了每个人对他自己的判断的预期以及行动的匆忙、仓促，而它的基础并没有在情势中被给出。一方面，我们可以从中区分出这一囚徒故事的三个困难的前提条件：（1）知识与它的对象的关系；（2）运动（movement）的问题，每个囚徒迈向牢房大门的脚步；（3）从对这一故事的逻辑的解决中得出的，三个时间性分隔的逻辑断句（scansion）。然而另一方面，我们又会注意到这一情势中有一个缺口（breach），一个僭越的时刻，外部的情况与囚徒困境的时间性分隔借此被区分开了。预期标记了前两个时间性分隔（看的时间与理解的时间）同第三个分隔的区分。这三个逻辑步骤被组织起来的方式是，只有最后的结论能确立起前两个步骤。事实上，看的环节和理解的环节是可以从结论出发而推论出的。

然而，只有当我们带着后见之明看这个故事时，情况

---

① Jacque Lacan, *Écrits* (éditions du Seuil, 1966).

才会是这样。相反，如果我们沿着由那些困难的前提所提示的运动直到它可能的完成，来向前推进；也就是说，如果通过逻辑断句的运动性，及其指出的轨迹，将这断句重复一遍的话，我们将不得不在那一系列前提中算上一种不可取消的奇异性（irrevocable singularity），即由预期行动所引入的缺口。预期表现为朝向奇异性（singularity）的运动。这里，主体成为这样一种过程，在其中"在此存在"（being-there）与事件悖论性地连接在了一起：它是奇异（singular）之物与无限两者间的瞬间相遇。换句话说，预期性行动，或者用巴迪欧的术语说，介入，作为事件的征兆，催促着介入的主体，让它作为事件的宣告，跨过对情势的现存状态的理解这道门槛。拉康在这里表明了，介入的行动并非依循一系列可由观察获得的知识条目（savoirs），因此，这一行动就在其与作为"对符号流通之超出"（excedentary）的真理的关系中被定义。然而，我们还希望强调两点引申义：（1）跨越门槛的那一步将主体同他存在性的位置分离开来；（2）这个事实也构建起一个界限，它同时连接并拆散着两个在本体论上不同的时间性区分：一方面是现在在场（presence），它浸透了关于情势的结构的知识（knowledge/savoir），另一方面是将来完成时态，它作为转瞬即逝的和冒险性的时间性打断、清空了时间性区分的因果性或者说叙事性的内容。然而，如果说这一主体性运动确实是一种基于冒险的相遇的轨迹，那么由此推断说存在一个表面（surface）——主体的轨迹需要在它之上才能表现出来，并且说在这个平面背后还有什么更深的基础——

就是一个错误。我们必须放弃这样一种观念，即认为主体的轨迹再现了一种表现（represents an expression），就好像它是某个始终存在然而隐藏着的原因——一个感觉不到且无法计量的本质——所产生的效果。事实上，这个点转瞬即逝，轨迹改变了方向，表面分成了一个悖论性的单一性（unilaterality），而这一运动的完成留下了一个不可化约的剩余物，它只能在运动完成之时才能被觉察到。因此，这里要讨论的与其说是“原因”的问题，不如说是这一与奇异性相遇所产生的“效果”的问题，以及这一奇异性超出了情势的种种限制的持存（persistence）。按照以上这两条引申，在拓扑的曲折变化的运动（topologically inflected movement）中的、从主体性层面而言的这种预期性介入，其效果就是一个大他者（other）的建立，在这 大他者之中，这一问题的过剩性剩余就作为实在（the real）的踪迹持存（persist）着。在那边，是预期与匆忙性，在这边，是持存（persistence）与重复。换句话说，实在的踪迹是那在对事件的历史性再现中错失了的东西。因此，这是个关于记忆的问题：是对那“本来可能会发生（could have been）”、却又（从那一历史性的结合点的角度看）无法作为情势的一部分被呈现出来的东西（unpresentable）的回忆性再现（representation）。对不可呈现之物的回忆性再现就是缺失（lack），它总要被放置在别的位置（in another place）：放在作为实在的场域的大他者那里（the other as the site of the real）。

在巴迪欧对拉康的三个囚徒的故事的评论中[①]，为了证明拉康所谓三人完成推理的同时性（simultaneity）的这一假设的无根据性（unfoundedness），巴迪欧要求我们回忆生活中最简单的那些事实。似乎当他涉及情势中固有的不可判定性时，他的反驳关注的是由介入所产生的记忆痕迹，而不是先于这一行动的机制（apparatus）。即便我们所讨论的这一“同时性”可能遭遇批判（基于巴迪欧正确地指出的那些理由），事实上，这一“同时性”涉及的是情势的解决及其后果这两者的普遍有效性，涉及上述的“解决”在完成的时刻所规定的那些责任与任务。换句话说，这一迈出门槛的行动假定了在时间中做出决断的普遍可能性，即使这些预设在现实生活中由于未能被履行，而将我们带到了一个真的终结点：这是情势不可避免的二分性（bifurcation）。这一预期的逻辑的优点在于只有它使我们与假设本身相遇了（encounter the presupposition）。让我们以1917年10月的俄国这一历史局势为例：在十月革命爆发之时，没有人会想到问自己，是不是推翻现存情势的全部社会力量在那时都已经存在了。我们只能去假定，这一革命性序列的断句在那一时刻对每一个人都展现出同样的逻辑价值，因为时间紧迫。一个中断的时刻，它由那超出问题的诸条件之外的力量造成的。毋庸置疑，一个错误的、无意义的方面总会内在于决断的时刻之中[②]。然而正是由于这一决断

---

① Cf. Alain Badiou, *La théorie du sujet* (Paris : éditions du Seuil, 1982), pp. 264 – 269.

② 这就是为什么孟什维克把列宁的《四月提纲》形容为妄想性的。参见 Lenin, “*April Theses*”。

是预期性的，它并不将整个事件性场域（evental site）都涵盖其中。就决断而言，事件总是过剩的，或者总是未完成的。因此，这一事件总是有双向的方面：一方面是在历史的某一瞬间的爆炸性的中断（命名的决断伴随着它），以及随之而来的一个历史时期的终结。然而另一方面，则是事件所剩余的未完成性、那一瞬间的稍纵即逝性、一个坚硬而空洞的内核——记忆围绕着它增生，未来从这里展开。

预期的本质是存在与“在此存在”之间分离性的关系（disjunctive relation），或者说是它们之间不可实现的中介（unfulfillable mediation）。它是存在的无限性与主体的有限性之间的不可通约性的效果。这里我们关注的是由事件的超—本体论秩序（extra-ontological order）向存在领域的过渡，在此并没有暗中诉诸浪漫主义的期待（expectation）概念。至于大他者（other），如果它是已经发生了的事件的未完成性的特殊记忆结构的话，那么大他者的穷困就始终属于做决断——作为在事件边缘上做出的主体性行动——的时间。

6. 不可命名之物（The Unnameable）

在此，我们想以巴迪欧事件理论中对理论整体而言十分关键的一点引申，为文章作结：命名性介入（naming intervention）的潜力是否有其限度？巴迪欧理论的核心要素似乎是：与存在相割离的同质性（homogeneity）、事件的超存在性（trans-being of the event）以及连接起这两个领域的操作[①]。我们已经知道，命名，或者说对情势的力迫，将上

---

① 参见［法］阿兰·巴迪欧在下书中的结论：*Le nombre et les nombres*（éd. du Seuil, 1990）。

述那些关系配置为主体性，而它的核心要素就是无限的真理（infinite truth）。而就其本身而言，我们也在这一结构配置中辨认出了一个阻碍（block），在这里思想撞上了一个界限：大他者本身（the other as such）。拉康用“大他者的快感”（the jouissance of the other）[①] 这一术语来阐释这一时刻。他是从这两条公则推出了“大他者的快感”：即“（在此）没有性关系”（there is no sexual relation）及“（在此）‘一’中总有些东西”（there is something of the one）。对拉康而言，没有性关系和“一”中总有些东西暗示了这样一个主体，它是被一个无限的运动（an infinite movement）所规定的。这里的“在此”（there is）证明了实在的持存性（the persistence of the real），尽管实在的持存只是结构的一个效果，（性关系的）二者间的“非关系”（non-relation）则是在虚空之上的刻录（inscription upon the void），这种“非关系”就像那不可合二为一的（do not make a one）二者之间持存着的那种关系。对拉康而言，“对象”（object）就是那试图取代“非关系”的东西，当它同时拆散并又连接起这一关系的两项时，快感就被引入了。

在《存在与事件》之后的著述中[②]，巴迪欧为了阐明他对“一的理论”（theory of the one）的批判，又回到了这两条公理（在这里他把这一批判归给了拉康）。一个不可命名

---

① 除了其他的例子外，还可参见 Jacque Lacan，*Le séminaire*，Vol. 20，*Le séminaire*，Vol. 20，*Encore*（Paris：éditions du Seuil，1975），p. 130 et p. 55. 就我们关于大他者和预期的讨论，请参阅上书第 116 页以及拉康《文集》第 213 页。

② 参见 Alain Badiou，*Conditions*。

的界限出现在命名的介入中：它是那我们已见到过的、是呈现着自身之物、是预期的逻辑中所固有的大他者的虚拟性（virtuality of the other）。在巴迪欧这一向拉康的回归中，实在的“大一”（the real one）是被这样描述的：“无论实在的内在痕迹浮现得有多么明显，都没有任何命名能与情势中的这个要素相关。”这一概念阐明了巴迪欧理论中“虚空”的本体论独特性的意义。这个“大一”作为他者之中现实的虚拟性（actual virtuality），作为“实在”的独特性，是在相关的领域中与虚空的遭遇。本体论的，以及世界性和存在性的他者（the other of the worldly and existential）这两个要素，在同一个拓扑平面（topological surface）相接。它是关于已建立起的关系与命名的条目中的一个受限制的且短暂的断裂（rupture）。在这里我们遭遇到的是一个“漠不相干的点”（a point of indifference），一个真正的阻碍。不可命名之物作为决断的界限持续存在着——这一界限不可被命名，只有真理（truth）［作为有限身体与无限思想的分离的量度（measure）］能将它证明。这一真理不可避免地要与一个伦理性选择相关。一方面，是那进行命名的意志，它否认“不可命名”的持存，并用一个全能的、能命名一切的、个体化了的大他者（individuated other），取代了作为场所的实在—界限（real-limit）的大他者（other），这正是教条主义残酷的游戏。作为量度的真理（truth as measure）因此以命名行动的名义（the name of the naming act）被废除了。另一方面，当被迫面对着恐怖，我们又栽倒在了屈从的理据（rationale of resignation）上，这一理据将人类身体让渡给统一和同一的“现在”——在这里一切都已被决定，一切都在重复，除了位置（place）本身以外什么都不能在位置（place）中发生（takes place）。这一恐惧又进一步加剧，成为对可能发生之物的恐惧，真理被降格为陈述的可靠性（authenticity of statements）；可靠性是对逻辑秩序法则的实例的肯定（affirmation）与许可（approbation）。而另一方面，命名决断的时间性（temporality）——如果这一刻意味着什么的话——正是去支撑真理概念的自由，这一真理的唯一效果只是一道痕迹。这种自由的架构正是，在其二元性中的写作本身：它是一种标记活动（marking），标记着对无限的废弃，是一瞬间将统一的在场粉碎的活动。一个被写下的标点也就成为了最低限度的预期决断——它既是一个匆忙的结论，又将会是下一次写作的开场（pretext）。

参考文献

Badiou, Alain, La théorie du sujet (Paris: éd. du Seuil, 1982).

Badiou, Alain, L'être et l'événement (éd. du Seuil, 1988).

Badiou, Alain, Le nombre et les nombres (éd. du Seuil, 1990).

Badiou, Alain, Conditions (éd. du Seuil, 1992).

Badiou, Alain, Saint Paul. La fondation de l'universalisme (éd. du Seuil, 1997).

Badiou, Alain, Court Traité d'ontologie transitoire (Paris: éd. du Seuil, 1998).

Badiou, Alain, L'éthique, essai sur la conscience du mal (Hatier, 1998).

Deleuze, Gilles, Logique du sens (Paris : éd. du Seuil, 1969).

Kant, Immanuel, Kritik der Urteilskraft, werkausgabe bd x edn. (Frankfurtam Main : Suhrkamp, 1974).

Kripke, Saul, Naming and Necessity (Blackwell, 1980).

Lacan, Jacques, Écrits (éd. du Seuil, 1966).

Lacan, Jacques, Le séminaire, livre XX, Le séminaire, livre XX, Encore (Paris : éd. du Seuil, 1975).

Lacan, Jacques, "Le séminaire Les non-dupes errent", 1973—1974 (unpubli-shed).

Plotinus, Eneades, Loeb classical liberary, ed. (Harvard University Press, 1967).

“地下”或“乌有之境”的图像

译者：周阳、苏子滢

自从20世纪初，“地下”（underground）概念就已经与其他同源的次等（subaltern）概念一起在装置（apparatus）展览中被使用、榨取（exploited）和循环利用（recycled）。到20世纪70年代中期，在早期苏活区（Soho）或柏林的启发下，现代主义先锋派叙事又被怀旧地重提了。本文将从一个简单并置的角度出发，质疑和反思当代的这一对文化和艺术性的“地下”概念的需求，这一简单“并置”（juxta position）与一种现实的显然的无关紧要性——这种现实曾一度围绕着某位德国红军派（Rote Armee Fraktion，RAF——译者注）成员那句：“我被迫转入地下”——相关。如今这种说法已经不再表达任何切实的现实，因为“地下”概念的当代用法已经不再也不可能再是生死攸关的了。与罗兰·巴尔特（Roland Barthes）的解释不同的是，诸如“地下”和“革命”这类不断翻新的概念并不仅仅是时尚的循环运动所增添的意义的新层次（比如说“参加革命”已经成了新保守主义话语和商业广告中常见的格言）。

当代以"上演"（staging）的方式对这些概念的重新整合，实际上体现了一个历史性转变。这一转变可以向我们解释"地下"这一类术语如何被整合进当代的图像（image）之流，以及为何"上演"（staging）已经成为当代文化中的核心操作；本文将尝试对这些方面进行探讨。

在当代的处理中，"地下"一词犹如隐喻，是一种被精心算计，却又未被明确表达（unarticulated）的拙劣模仿（travesty）；正因如此，首要的工作是要解开缠绕着它的不同层次的意义。对这一术语当代用法的进一步理解，则需要人们达到一个贯通意义的各个层次的基本再现（minimal representation）。这一呈现不仅是一个结构性系统，而更像是一种承载着（assume）不同强度（strength）的叙事性力量，运作在社会的辩证性现实之上。古希腊悲剧讨论了这种基本呈现，准确地说，这就体现在《安提戈涅》（出自索福克勒斯的同名戏剧）这一具体的悲剧形象中。我们将看到，"地下"概念的当代图像的操作性要件就是"失败的悲剧英雄"场景的诸变种。"失败的悲剧英雄"形象，作为反抗之不可能性之一，随后又在20世纪70年代德国政治性地下运动中被讨论。对这一当代操演的探讨和分析，将首先借助对古希腊悲剧的阅读来进行，二者的共同点是，"主体性悲剧模式的历史不可避免性"在这两个例子中都是成问题的。《安提戈涅》是古希腊城邦政治中神话式"上演"的一个例子，而在它当代的历史性延续中，在20世纪70年代的德国，在乌尔丽克·梅茵霍芙（Ulrike Meinhof）那里则是一个完结的立场，一个场景的远去，在这里“地下”概念丧失了它的历史重要性。

“地下”的语义

或许可以从这一概念在现象层面可见的、语义上的事件簇（clusters of sematic occurrences）出发，进行讨论。首先，从“地下运动”这一表述中可以看出，“地下”是某种属性，也就是说，“地下”具有描述“运动”“形象”和“力量”这类词语的语法功能。它表示在不同的历史情势下存在着非法的个体、活动或有组织的个体。其次，这一概念也表明了某种匿名性，或者说是同社会所规定的合法性和适任性的决裂。譬如在“地下文化”这一表述中，反霸权文化的宣告往往伴有不同程度的颠覆性意图。自从现代主义以来，反霸权（counter-hegemonic）的文化一直是自觉的激进策略的一部分。地下杂志（Zines）和苏东地下出版物（Samizdads）一直是这种反霸权文化的实例。在这种用法之下，这一概念也常用来规定某一类的美学表达，这种表达在历史精确性上往往十分短暂，譬如在“地下摇滚”这一说法中，它是前社会主义国家中存在过的一种音乐形式的标签。“地下”意味着某种历史的、不可见的、非法的流动性。这在那些游荡在现代大都市中的无名表达中可以找到大量例子：从19世纪工业化的、资本主义伦敦的黑暗小巷到在科幻小说中描绘的未来世界末日式的地下场景，从狄更斯式的宇宙到克瑞斯·马克尔（Chris Marker）的《堤》（*La jetée*，1962）中的地下隧道。

这一概念的双重性（Twofoldness）

在上文列出的语法性、内涵性和类性的事件中，存在着一个作为它们的共同条件的、核心的视觉性隐喻式操作（visual metaphonic operation）。“地下”概念同时联结和拆散着“可见的”与“不可见的”，被标画的（the mapped）、可辨识的与它那不可知的反面。因此，“地下”意味着存在领域（the domain of existence）的深度和广度，只不过这一存在总要与可表现性（expressivity）关联着。这种延展性的存在常常被设想为某种变幻莫测的、无定形之物的突然闯入：声音，匿名的公报，新兴城市里的冷街魅影。“地下”概念所引发的延展（extension）就是存在的倍增（doubling of existence）：一个非世界之物的世界和上层世界法则的倒转，如同爱丽丝的奇幻历险。陌生性的奇妙与阴影属于现代，在这里，声音的再生产将其自身同人类的呼吸区分开了。

这一视觉性隐喻同时依赖着并产生出一系列的“一分为二”（dichotomies）：表层与深层，结构与运动，显意和隐意。这一分层的视觉领域唤起了或者说是回应了为欲望所滋养的行动，以及随即而来的揭露的渴求与隐瞒的诱惑、凝视的魅惑与目击的恐怖，隐喻性所附带的这一系列分叉与连接扩展了空间。“地下”既连接着合法与非法，又构成了欲望的蜿蜒小道与道德的庄严伟厦的鲜明对照。我们应该重视的正是这一连接与并置（apposition）的独异时刻，因为它不仅仅是在隐喻性空间中发生的一个内在的语言学功能，并置关系（appositions）的连接是一个组织性的位置（organizational locality），是它将主体性引入了语义（semantic）的领域中。

“神话素”（Mythem），这个克洛德·列维—施特劳斯（Claude Lévi-Straus）创造的词，为我们理解这一组织性的位置提供了一把钥匙。“神话”是环绕着一系列并置关系的最基本的叙事组织。相较于其严格的结构主义语言学意味，我在略微不同的意义上使用“神话素”概念。“神话素”是对存在于既定历史情势中，并围绕着该情势固有的不可通约性的点的诸要素的一种分配。

没有什么地方能比古希腊悲剧（作为对希腊城邦史诗性主体的命运的再现）更集中展现出“地下”的“神话性”功能。在这方面，《安提戈涅》又是一个经典案例。这首先是因为其处于《俄狄浦斯王》（*Oedipus Rex*），《七将攻忒拜》（*The Seven Against Thebe*）和《俄狄浦斯在科罗诺斯》（*Oedipus at the Columns*）之间的特殊位置。这一系列戏剧呼唤出了一种同“神话”的可操作性功能（operational function）紧密呼应着的表现模式，在这里“神话”的这种功能附带着“地下”这一视觉性隐喻——“地下”明显又与“法律”这一对希腊城邦而言还有些陌生的概念相关。其次，《安提戈涅》是自18世纪以来唯一一部不断引起广泛关注的悲剧。直至20世纪，这部悲剧仍然是理论界相当关注的焦点。《安提戈涅》之所以成为英语世界各路批判理论研究的中心，部分是由于性别研究（Gender Studies）的强有力的论断，部分是由于拉康20世纪50年代就这部戏剧所作的评论。

这里所作的简要论述需要先借助于精神分析理论。这似乎是不可避免的，因为无意识（Unconscious/Das Unbewusste）概念自被弗洛伊德发明以来，就通常被视作欲望的隐秘力量，它漫游于意识的门槛之前；或者被当作迷宫般的洞穴里的瑰宝，潜藏在自我意识的表层之下。19世纪浪漫派传统及其对一些现代主义传统（譬如超现实主义）虽间接却决定性的影响，在很大程度上也加剧了对弗洛伊德无意识概念的空间式理解。拉康及其门徒在20世纪50年代中期就指出对弗洛伊德这一概念作如此这般的理解是无根据的，这无疑是正确的。他们相当准确地解释了这种将弗洛伊德的发明（无意识）简化为一个充满愿望（wishes）与激情的神秘地窖的想法的危险性。当然，弗洛伊德这一概念与19世纪晚期文学思潮中所谓的潜意识（the subliminal）概念几乎没有关系，然而，这一批判仍然错过了一些东西，即弗洛伊德式无意识的概念史中所包含的某种混淆（confusion）的真实意义。

这里的核心问题是，为什么这样的图像仍然为各种文化领域当中的奇思妙想提供原料。无意识想象性空间化的不协调性其本身就是一个有意识形态效果的元素，它将晚期浪漫主义与现代主义先锋派概念结合在了一起，并将这一结合发展为当代想象丛。换句话说，这一“误解”应被理解为某种在截然不同的范畴之间的，富于生产性的困惑（confusion）或者糊涂（embrouillage）：譬如空间与结构，潜意识与无意识，白日梦（reverie）与歇斯底里。这些都是边界僭越的例证，已经提升了的东西与基础性的东西在这里都被混杂在一起。这种情况在文化相对贫乏的情况下就表现得更为显著。潜藏在视觉性隐喻和“地下”这一隐喻性“神话”性组织背后的力量，在流行文化中的无意识之最终归宿中，被揭示了出来。

安提戈涅

在歌德看来，安提戈涅这一悲剧形象以及她的言辞，尤其是她对自己自杀性行动的辩护，是令人震惊且荒谬的。直至20世纪40年代，当保罗·玛斯克雷（Paul Masqueray）为Les Belles Lettres（一家法国出版机构）版本的索福克勒斯（Sophocles）悲剧集做校订时，在着重强调安提戈涅个性之美的同时，也觉得自己需要对安提戈涅的言辞做一些辩护性的（apologetic）解释。

这看起来可能很奇怪，因为剧情并不复杂，我们怎么会把这部悲剧中的关键点搞错呢？安提戈涅的律法不是那被官方规定的法律，她的吁求来自阴间世界，并不诉诸城邦里任何可以设想到的公民。而反对她的是一整个统治阶级，对她来说，国王就是僭政的同义词。

《安提戈涅》接续着《七将攻忒拜》的结尾：厄忒俄克勒斯（Eteocles）和波吕涅刻斯（Polynices）两兄弟，俄狄浦斯的两个儿子，皆命丧忒拜城门下。克瑞翁（Creon）国王准许厄忒俄克勒斯被埋葬，但同时下令禁止埋葬波吕涅刻斯的尸体、举办葬礼仪式。而此时安提戈涅，俄狄浦斯之女，正寄居在克瑞翁国王的家里，告诉了她妹妹[①]她的

① 伊斯墨涅。——译者按

决心：

安提戈涅：我再也不求你了；即使你以后愿意帮忙，我也不欢迎。你打算做什么人就做什么人吧；我要埋葬哥哥。即使为此而死，也是件光荣的事；我遵守神圣的天条而犯罪。

伊斯墨涅：现在只剩下我们俩了，你想想，如果我们触犯法律，反抗国王的命令或权力，就会死得更惨。首先，我们得记住我们生来是女人，斗不过男子；其次，我们处在强者的控制下，只好服从这道命令，甚至更严厉的命令。因此我祈求下界鬼神原谅我，既然受压迫，我只好服从当权的人；不量力是不聪明的。①

安提戈涅的回答很有意思，她明显是站在死者、死亡的立场上说话：

我将永久得到地下鬼魂的欢心，胜似讨凡人欢喜；因为我将永久躺在那里。至于你，只要你愿意，你就藐视天神所重视的天条吧。②

在接下来的几段中，忒拜的统治者克瑞翁解释了他的做法，歌队的台词对这一宣判的表示中流露出一丝慎重；

① 译文参见罗念生《罗念生全集·第二卷》，上海人民出版社 2004 年版，第 298 页。

② 同上。

在这之后，守在波吕涅刻斯尸首边的卫兵传来消息说，波吕涅刻斯的身体已被埋葬了，于是克瑞翁下令查捕犯罪者。在下一幕中，安提戈涅被卫兵带到了宫殿中。戏剧中间的一部分，也就是克瑞翁与安提戈涅之间的对话，是整部戏中最重要的，也是各种评论最集中的地方。

> 安提戈涅：我敢；因为向我宣布这法令的不是宙斯，那和下界神祇同住的正义之神也没有为凡人制定这样的法令；我不认为一个凡人下一道命令就能废除天神制定的永恒不变不成文的律条，它的存在不限于今日和昨日，而是永久的，也没有人知道它是什么时候出现的。
>
> 我不会因为害怕别人皱眉头而违背天条，以致在神面前受到惩罚。我知道我是会死的——怎么会不知道呢？——即使你没有颁布那道命令；如果我在应活的岁月之前死去，我认为是件好事；因为像我这样在无穷尽的灾难中过日子的人死了，岂不是得到好处了吗？
>
> 所以我遭遇命运并没有什么痛苦；但是，如果我让我哥哥死后不得埋葬，我会痛苦到极点；可是像这样，我倒安心了。如果在你看来我做的是傻事，也许我可以说那说我傻的人倒是傻子。[①]

① 译文参见罗念生《罗念生全集·第二卷》，上海人民出版社 2004 年版，第 307—308 页。

安提戈涅和克瑞翁都提到了古希腊的一个概念，*nomos*，律法，这个词唤起了与这一专有名词相关的某种荣誉感。用黑格尔的话说，*nomos* 一词浸透了家庭领域内的伦理义务感［人伦（Sittlichkeit）］。这似乎就是安提戈涅的立论之基。她宣称“不成文律法”（unwritten laws）优先于城邦法律，这一表述展现了两种法律概念的并置（juxtaposition），这一并置贯穿了整部悲剧。这一点是黑格尔在《精神现象学》中那段著名对《安提戈涅》的分析的关键所在，在《法哲学》中又被进一步地发展。对于黑格尔来说，安提戈涅这一形象实质上正是对从伦理领域［人伦（*Sittlichkeit*）］向更高阶段的普遍法的过渡环节的表述。相应地，黑格尔将这部悲剧理解为是对家庭伦理与公共律法的对立的表述。他写道：

> 因此，一本非常推崇家礼的著作；即索福克勒斯的《安提戈涅》，说明家礼主要是妇女的法律；它是感觉的主观的实体性的法律，即尚未达到现实的内部生活的法律；它是古代的神即冥国鬼神的法律；它是“永恒的法律，谁也不知道它是什么时候出现的”；这种法律是同公共的国家的法律相对立的。这种对立是最高的伦理性的对立，从而也是最高的、悲剧性的对立；该剧用女性和男性把这种对立予以个别化。[①]

---

① 译文参见［德］黑格尔《法哲学原理》，范扬、张企泰译，商务印书馆 1961 年版，第 182—183 页。译文有改动。

安提戈涅代表着一种外部界限，它既分离又连接着家庭（直接性的伦理）和国家体制（实现了的、自在自为的实在性的最高例证）。在黑格尔看来，悲剧是对其根基晦暗不明的自然权利的解释。只要这一自然权利还是一个转瞬即逝和特殊的阶段，还有待在公共法中获得主观性实现，它就始终晦暗不明。对黑格尔来说，关键之处在于这一伦理权利先于一切被规定的法理，它总是已经存在于意识之中；此外，黑格尔还将道德律法视为一种“神话力量”。它不仅是单纯的同义反复，而毋宁说是内在于一切理性的、或是基于信仰（faith-based）的解释的同义反复性核心。这一段所展示出的黑格尔式辩证环节，指出了“不成文律法”的自我奠基性功能，也就是说它不仅无须任何外在根据，还可以主动规定自己的基础。黑格尔认为安提戈涅提及的“不成文律法”就是这种权利或者说伦理的自然体系。基于这种认识，黑格尔试图将罪责（guilt）与罪行（crime）概念引入他的论述。罪行与罪责基于一种对立性的调和（antithetical rapport）：一端是黑格尔意义上的“本质（存在）的神圣权利”，另一端是已被制定的、公共性的权利。任何只停留于这一伦理性调和关系的单独一端行动，都是十分脆弱的。接着，这种黑格尔式解读就要在这部剧中找出这对立的二者：克瑞翁与安提戈涅，二者都侵犯了对方的权利。前者侵犯了神圣性和神话式的自然权利，后者违犯了城邦的律法。然而，黑格尔向另一个更耐人寻味的方向发展了他的观点。在下面的论述中，他首先认可了克瑞翁的宣判的可理解性：

> 然而两弟兄之一，即站在共同体这一面的那个人将受到共同体给予的荣宠，而另一人，即扬言要踏平城墙的那个人，将受到政府亦即重新建立起来的共同体的单一主体所施加的惩罚，被剥夺去最后的荣誉；谁敢于冒犯意识的最高精神，冒犯共同体，谁就一定被剥夺去他整个的、完全的本质所应享受的荣誉，被剥夺去那死亡了的精神所应享受的荣誉。[1]

在黑格尔式辩证法中，共同体的一元体（unitary self of community）并非与存在（being）相对立，相反它是对存在的展开的真实表述。忒拜城垣之外横陈的尸首是这一历史进程留下的残留物。因此罪责（guilt）要归给安提戈涅的行动这一边。

> 事实很可能是这样：那在背后埋伏着的正义始终不将其自己独特的形态暴露于行动的意识之前，而只自在地存在于（行为者的）决意与行为所内含的罪责之中。但是如果伦理意识事先就已认识到它所反对的、被它当成暴力和非正义、当成伦理上的偶然性的那种律法和势力，并像安提戈涅那样明知而故犯地作下罪行，那么，伦理意识就更为完全，它的罪责也就更为纯粹。[2]

---

① 译文参见［德］黑格尔《精神现象学》（下卷），贺麟、王玖兴译，商务印书馆1979年版，第29页。译文有改动。

② 同上书，第26页。译文有改动。

在这里，罪行（crime）是对国家权力一元体（unitary self of the state power）的违抗，这种违抗是通过（从公共律法）向家庭权利的倒退实现的。这种对国家权力所体现出的、作为更高阶段的道德的反抗注定要失败，因为这种反抗所体现的是一种纯粹的特殊性（particularity），与在国家形式中实现了的、社会权利的普遍组织形态相对立。

> 因此，它作为软弱的和黑夜的律法，起初是屈服于白日的和强大的律法的，因为这种势力只能有效于地下而不能有效于地上。[①]

黑格尔认为，国家的实存在这里同它自身神话性的、已被克服了的实体相对抗，后者是在安提戈涅的行动中被现实化的。接着，悲剧时刻是这个更高的一元性权力（unitary power）犯下的一个错误（mistake）——它没能认识到自身的基础："不过，现实的一方既然把内在的一方的荣誉和势力剥夺了，它自己的本质也就因之而损耗了。"国家这一耗尽自身基础的自相残杀之举，正是它犯下的这一不可避免的错误的核心，这恰恰体现在克瑞翁对安提戈涅的惩罚当中。因此，黑格尔启用了一个耐人寻味的亚里士多德式术语，Harmatia，错误。克瑞翁所否认或者说所暴露的正是这个非理性却又是本质性的基础，因为这被国家体制压抑的，正是社会秩序运行的真正保证，是律法的

---

① 译文参见［德］黑格尔《精神现象学》（下卷），贺麟、王玖兴译，商务印书馆1979年版，第29页。

功能所在。

由女性所代表的家庭所固有的特殊权利，和由国家（主权）所代表的普遍制度，这两者之间对立的黑格尔式论题已经成为有关这一戏剧的研究的关键，并很难被超越了。然而，黑格尔的评论中的微妙的辩证反转却很少被考虑到。对悲剧的辩证理解在如下表述中可以体现出来：“公开的精神，其所以有力量是因为它的力量的根源在地下世界：一个民族对其自身力量与安全所持的深信不疑的确定性，即确信它的誓约能把全民族团结成为一人，这个确定性之所以真实，完全由于全民族所有成员都具有不言语的无意识的实体，完全由于他们都浸润着遗忘的泉水。所以公开的精神，实现了以后，就转化为它自己的反面，它发现它的至公正，正是它的至不公正，它的胜利正是它的失败。”[①]这里黑格尔所指的是《安提戈涅》的如下几行：

克瑞翁：他是攻打城邦，而他是保卫城邦。

安提戈涅：可是冥王依然要求举行葬礼。

克瑞翁：可是好人不愿意和坏人平等，享受同样的葬礼。

安提戈涅：谁知道下界鬼魂会不会认为这件事是可告无罪的？

克瑞翁：仇人绝不会成为朋友，甚至死亡也不会。

安提戈涅：可是我的天性不喜欢跟着人恨，而喜

① 译文参见［德］黑格尔《精神现象学》（下卷），贺麟、王玖兴译，商务印书馆1979年版，第29—30页。译文有改动。

欢跟着人爱。

克瑞翁:那么你就到冥土去吧,你要爱就去爱他们。只要我还活着,没有一个女人管得了我。[①]

安提戈涅的形象从这“遗忘的泉水”之中浮现出来,作为推翻了自己的表述[②]的一小片实体,她将它们[③]都推向了自身的反面。在这种解读中,安提戈涅被视为阴间死亡之域的延展,波吕涅刻斯尸身的转喻:“被杀害的死人,由于他的生命权利受了侵害,他就懂得如何使用与杀害他的势力同样现实和同样强有力的势力为工具以从事复仇。”[④]

尽管在某些关键环节,黑格尔的辩证阐述仍有前后矛盾之处,黑格尔就安提戈涅所宣称的权利的基础的看法仍然是准确的;然而即使如此,安提戈涅的这种宣称(claims)与她冒犯克瑞翁法律的决断(decision)依然有所不同。她或许是站在了死亡的一边,但这并不等于说她就是死亡的致命之手(the fatal hand of death)——对死去兄弟的尸身的绝对认同。这部剧开头的几行中,这一点是清楚的:“我将永久得到地下鬼魂的欢心,胜似讨凡人欢喜;因为我将永久躺在那里。至于你,只要你愿意,你就藐视

① 译文参考罗念生《罗念生全集·第二卷》,上海人民出版社 2004 年版,第 309 页。

② 即体制。——译者

③ 自己和自己的表述。——译者

④ 译文参见[德]黑格尔《精神现象学》(下卷),贺麟、王玖兴译,商务印书馆 1979 年版,第 30 页。译文有改动。

天神所重视的天条吧。”[①] 并不是她“从阴间升上来”这一点使她的形象如此令人着迷（正如许多评论所提到的），相反，是她的悲剧英雄主义——她在来自戏剧之外的某种命运的引导下，做出的牺牲行动——使她的身份如此特殊。与黑格尔所声称的相反，安提戈涅有意识地承担了她自己的死亡，而全然不顾这一牺牲的基础是什么。正是这一点似乎使黑格尔的图式有了瑕疵。安提戈涅，作为家庭伦理的化身，为何能如此坚决且有意识的方式行动；而克瑞翁，作为国家与精神辩证展开的更高级阶段的体现，又为何这般盲目、犹豫，以至于导致了他自己的统治家族的悲剧结局？此外，黑格尔意义上的，克瑞翁所犯下的“错误”究竟指什么？当然，在《法哲学》的文本中，黑格尔举安提戈涅的例子是为说明在古希腊城邦中私人领域与公共律法的合并的后果。然而，这种说明自身是依据“对立的位置”这一辩证的图式构建起来的：特殊性与普遍性相对，“地下”的力量与在社会组织中的实现的至高精神相对。问题在于，这样的图式对理解安提戈涅的行动及其后果所造成的悲剧效果是否有意义。克瑞翁以“一切国家的敌人都不配享有葬礼仪式的尊荣”为依据行使权力，换句话说，律法的普遍性要求，不可能存在这样的一个人，他在侮辱了国家权力的同时竟然还能享受到那最后的荣光。克瑞翁既没有质疑也没有无视神的权力。事实上，他仅仅维系了那些神圣力量与城邦事务之间的分割线——一条遗忘之河。

---

① 译文参见罗念生《罗念生全集·第二卷》，上海人民出版社 2004 年版，第 298 页。

与冒犯法令的行为相对，克瑞翁维系了国家权力与神圣权力之间的界限。

实际上，在《安提戈涅》中找不到像《俄狄浦斯王》中俄狄浦斯所犯下的那种过失（error）。这里取而代之的是一种过剩（excess），已在遗忘中沉没的过剩，即俄狄浦斯所犯下的弑父与乱伦罪行的过剩，这些罪行曾震撼了忒拜的体制，并在社会的精英阶层中引发了混乱与丑闻。即使根据索福克勒斯戏剧的内在逻辑，俄狄浦斯的失败也是波吕涅刻斯进攻忒拜城垣的直接原因。歌队，城邦的统治者们并没有忘记这一事件：

> 歌队：（第一曲次节）从拉布达喀代家中的死者那里来的灾难是很古老的，我看见它们一个落到一个上面，没有一代人救得起一代人，是一位神在打击他们，这个家简直无法挽救。如今啊，俄狄浦斯家中剩下的根苗上发出的希望之光，又被下界神祇的砍刀——言语上的愚蠢，心里的疯狂——折断了。[①]

从这个角度看，这些位置就被彻底重置了。家庭道德与城邦体制能否被塞进一个辩证图式，这一点是很值得怀疑的。俄狄浦斯的罪行（crime）恰恰是他将公与私联结在了一起；该罪行的私人性无法同国家事务分开。《安提戈涅》也涉及同样的难题：当律法的普遍性与禁令无处不在

① 译文参见罗念生《罗念生全集·第二卷》，上海人民出版社 2004 年版，第 312 页。

的纯粹“偶然性”遭遇时，该如何理解这一普遍性？我们的注意力因而应当转向我们可称之为不可消减的分裂（split）的引入，一种散布性的（dissmeninating）力量，它与（作为无条件原则的）对律法的普遍性表述的引入并存。在这样一种普遍性的历史性部署中，每当该律法遭遇到其一致性（coherence）的根本缺失，它就将它所声称的无条件性投射到一个从未存在过的神话性过去之上。在此意义上，安提戈涅的违抗之举揭示出了这种断裂的效果，这一断裂的痕迹从俄狄浦斯那无心却又无可避免的罪行开始就已被刻下了。

黑格尔式辩证法的主要问题是它不能将任何概念性的可操作性（conceptual operationality）运作于奇异性（singularity）范畴上。这出悲剧被特殊性与普遍性的矛盾环绕着，而当面对克瑞翁残暴的统治与安提戈涅毫不妥协的自我意识时，显然，这一理论框架很容易显得不协调。安提戈涅行动的奇异性（singularity）与她妹妹的举止形成了鲜明的反差，后者的选择显然更为典型，从历史上看也似乎更有道理。从社会秩序的角度看，安提戈涅的行为是荒谬的，它是一个纯粹的创伤性（traumatic）时刻。黑格尔式辩证法未能考虑到先于对抗性（antagonistic）系统这一结构的断裂，因为按照设想，辩证运动是需要通过普遍性与诸特殊性之间不可调和的冲突的出现而展现自身。这种逻辑有所欠缺，因为它不能把握单一性（singular）与普遍性这对关系中的不可通约性（incommensurability）与非—对立性（non-opposition）。对于任何一个假定了主体性自我认同

(subjective self-identity) 是在一整个中介链条之后的综合性实体 (synthetic substance) 的理论图式而言，这一缺陷都总是内在于其中。

在 1959 年的第 7 期研讨班中，拉康指出，克瑞翁是充当和发挥着律法的作用，换句话说，这是为了所有人的最大好处 (for the best of everyone/le bien de tous)，这里的问题并非公共性律法干涉了私人领域，而是说律法是为了一切物和一切人最大的好处而无条件地发挥作用的。正是这一 (内在于律法的) 形式结构的无条件性，导致了这一残暴法令的灾难性后果。正如拉康所指出的，这一法令意味着对死者的惩罚。法令的残酷并非针对作为人的波吕涅刻斯，即历史性关系网络中的一个主体，而是针对作为纯粹存在之物质化的波吕涅刻斯的尸身。与黑格尔所希望的不同，克瑞翁并非社会秩序的简单再现；他是律法的声音，然而当这一律法宣称它无条件的普遍性时，它已经僭越了自身的边界，甚至指向了单纯存在物的领域。就这一点而言，拉康的评论可被视为一种黑格尔式解读法，只不过是纠正了黑格尔的某些错误；然而这两种理论框架从出发点上就存在距离。在黑格尔那里，精神的运动是沿着特殊个例 (particular instances) 之间的不一致性 (incompatibility) 的道路进行的；而拉康的出发点则在于奇异之物 (the singular) 在任何既定逻辑连接中的不断回归，这一回归同时将“所有” (All) 与“一” (One) 都纳入其中。在 1959 年第 7 期研讨班中，这一奇异性 (singularity) 被解释为欲望与快感间的不可通约性。

这里，我们的目的不是去讨论拉康派理论的细节。这里的主要问题是，与那些对立性图式（antagonistic schema）所说的相反，安提戈涅并非以对立话语（counter-discourse）的形式出现的阴间律法的具体化。只有站在律法的立场上，她才能被视为波吕涅刻斯尸身的代理，因为社会秩序只有以这种方式才能把握住“她荒谬的且令人困惑的本质”。

安提戈涅的神话素

迎接安提戈涅这一公然违抗的，是克瑞翁宣判她死刑的决定。宣判之前的一段文本是剧中颇为令人迷惑和引人注目的，其中安提戈涅的言辞将“地下力量”的概念与她整个家庭的悲剧命运联系了起来。首先是克瑞翁解释了对她的惩罚的独特形式：

> 克瑞翁（向众仆人）：如果哭哭唱唱有什么好处，一个人临死前绝不会停止他的悲叹和歌声——难道你们连这个都不知道？还不快快把她带走？你们按照我的吩咐把她关在那拱形的坟墓里之后，就扔下她孤孤单单，随便她去死，或者在那样的家里过坟墓生活。不管怎么样，我们在这女子的事情上是没有罪的；总之，她在世上居住的权利是被剥夺了。①

克瑞翁在这几行中表明他这样的观点：安提戈涅已经

① 译文参见罗念生《罗念生全集·第二卷》，上海人民出版社2004年版，第318页。

属于地下世界、死亡的领域了，因此把她送进坟墓只是将她还回她的归属之地。

安提戈涅：坟墓啊，新房啊，那将永久关住我的石窟啊！我就要到那里去找我的亲人，他们许多人早已死了，被冥后接到死人那里去了，我是最后一个，命运也最悲惨，在我的寿命未尽之前就要下去。很希望我这次前去，受我父亲欢迎，母亲啊，受你欢迎，哥哥呀，也受你欢迎。你们死后，我曾亲手将你们洗净装扮，在你们坟墓前奠下酒水。波吕涅刻斯呀，只因为埋葬你的尸首，我现在受到这样的惩罚。（可是在聪明人看来我这样尊敬你是很对的。如果是我自己的孩子死了，或者我的丈夫死了，尸首腐烂了，我也不至于和城邦对抗，做这件事。我根据什么原则这样说呢？丈夫死了，我可以再找一个；孩子丢了，我可以靠别的男人再生一个；但如今，我的父母已经埋葬在地下，再也不能有一个弟弟生出来。我就是根据这个原则向你致敬礼。可是，哥哥呀，克瑞翁却认为我犯了罪，胆敢做出可怕的事。现在他捉住我，要把我带走，我还没有听过婚歌，还没有上过新床，没有享受过婚姻的幸福和养育儿女的快乐，我这样孤孤单单，无亲无友，多么不幸呀，人还活着就要到死者的石窟中去。）我究竟犯了哪一条神律呢……我这不幸的人为什么要仰仗神明？为什么要求神保佑，既然我这虔诚的行为得到了不虔敬之名？即使在神们看来，这死罪

> 是应得的，我也要死后才认罪；如果他们是有罪的，愿他们所吃的苦头，恰等于他们加在我身上的不公正的惩罚。[①]

与她先前的辩驳相比，安提戈涅就她为什么准备为她的兄弟（而不是丈夫、孩子）牺牲生命所作的解释，在许多人看来都是荒谬的。值得注意的是，自从歌队在第855节向她提起“孩子”这个词之后，她的语气就发生了转变。她的辩驳几乎是幼稚的，且显得既真诚又残忍。这一段落受到了当代许多评论家的重视，其中包括拉康，这或许不仅因为它与亲属结构和性别关系的明显关联，也因为它与《俄狄浦斯王》中的核心“神话素”有关。为了进一步展开这种联系，我们还要先回到列维—施特劳斯对“神话素”的分析。

> 对于一种相信人类是由土地而生的文化来说（例如《波萨尼斯》第8卷第29页第4段：植物为人提供了一个模式），要在这种理论与人实际上是男人与女人婚配而生的认识之间找到一种令人满意的过渡是不可能的，而神话就是要解决这一难题。虽然这个问题显然是不可能得到解决的，俄狄浦斯神话故事还是提供了一种逻辑手段，这一手段把人是由一个（土地）所生，还是由两个（男与女）所生这一原始问题与人是

① 译文参见罗念生《罗念生全集·第二卷》，上海人民出版社2004年版，第319页。

同一还是不同亲缘关系所生这个派生的问题联系起来。通过这种相互关系，对血缘关系估计过高与对血缘关系估计不足其间的关系，就犹如企图避开人由土地而生这一理论与这一企图的不可能实现之间的关系一样。虽然经验与理论矛盾，但是社会生活却以其结构上的相似证实了宇宙论的有效性。因此宇宙论就具备了真实性。

我们对结构主义的分析装置本身并没有兴趣，只是要注意到，对列维—施特劳斯而言，"神话"既揭示又虚构起了一种社会秩序所固有的构成性（constitutive）的不可能性。"自生"（Autochthonic）与"从地下生出"（chtonic）——也就是"自生"（self-generated）与"从无中诞生"（generated from without），而"chtonos"一词的原意就是从"地下"生长出来，这对关系正是对这一不可能性的结构性表述。

法的同义反复，也就是它规定它所规定的东西，在古希腊城邦中与"自生"（autochtonic）的幻象相对应，这一幻象同时也是对女性位置的否认，正如俄狄浦斯——谁也不知道他来自哪里——踏进了斯芬克斯（Sphinx）掌控下的忒拜城。《安提戈涅》同样也描写了那个贯穿了《俄狄浦斯王》的起源之谜：城邦中多性（multiplicity）的基础究竟是"一"（One）还是"二"（Twoness）？律法的可操作性基于它同义反复的"自生性"（self-generateing）内在逻辑，这一逻辑为了确保社会的一元统治，就必须预设对它是"被生出来的”（being born）这一事实的否认：正如安提戈涅在剧中所说，他们都是“从同一个母亲所生的”。“僭主”（tyrannos）的不可能的位置——自己是自己的父亲，是个没有母亲而是纯粹精神一元体的儿子，律法的绝对“一性”（oneness）——正是《俄狄浦斯王》的神话性核心。这一包含在城邦制度中的本体论的不可能性，在被曝光的乱伦欲望的悲剧性后果中，暴露了出来。

在《安提戈涅》中，安提戈涅的行动同那“一”（one）（它被认为是综合了一切的一元体）的相同性（sameness）相对抗，代表着一个例外的奇异性（singularity），这种例外是同义反复的律法所不能把握的，它总是从大他者（other）中的虚空（void）那里浮现出来。那么这对戏剧的悲剧的维度而言又意味着什么？这部悲剧所涉及的不仅是“命运”（剧中它是被“Até”[①] 这一神话名称引出的），而且是主体在律法状态下的存在形式。安提戈涅的悲剧在她宣称她对死去的亲人的义务高于和先于她未来的和主体所有可能的忠实时就展现了出来。（《俄狄浦斯王》这一系列戏剧中的）这一系列行动的链条已经暴露出了统治瓦解的不可避免性，在这种情况下，安提戈涅唯一可设想的立场就是屈服于“罪责”（guilt）的话题：承认罪责的效力，并沉入“地下”。这样，安提戈涅就成了律法自身的“过剩”（excesses）的反转。“地下”概念在其对诸结构性位置的布置（configuration）中，就等价于某些力量的新名称的缺失（the

① “阿忒”，希腊神话中主管损害、错觉和愚蠢的女神。——译者注

absence of new names for forces)，而在这一系列暴露了律法过剩性的事件（events）中，这些力量原本或许是能被分辨出来的。安提戈涅的行动确实与僭越（transgression）律法沾边，但由于这种僭越只是走向了虚无的纯僭越，它反而平息了她违抗统治权所引起的社会骚动。安提戈涅追随着亡者和神灵的脚步，强调着她关于与双亲血缘的无意义的解释，这样，她就成了律法在其无中介的运作中的直接效果：罪责本身。因此她对律法的僭越变得更加令人放心，因为它再次表明了，在律法面前一切僭越在根本上表明的就是一种罪责，除了罪责主体悲剧性的瓦解之外不会有任何可设想的和解。

更进一步说，安提戈涅的言辞也导致了和律法相同的一元体的幻象与“一性”。她的位置成了俄狄浦斯的反转：如果说俄狄浦斯坚持要弄清那整个社会秩序都警告过他去探求的真理，那个关于他是和他的孩子从同一个母体中出生的知识；这一幻象无论是对于掌握统治权的男性的位置，还是对于亲属关系的秩序而言，都足够恐怖。而安提戈涅所展现的是它的反面：她断言和肯定着母性的原初的缺失，那个她从中生长出来的“地下”世界。这样，那种恐怖就始终延续着，罪责随着出生被不断传递给下一代，行动被带到了律法的前面。安提戈涅的悲剧暴露了一种超历史的结构布置（trans-historical configuration）：“地下力量”的视觉性隐喻（visual metaphoric）同制度性的“神话素”（constitutive mythem）的真理相关联；这一关联就是说，在社会秩序面临解体之时，一种新的名称、名义（name）的可能性已经显现了出来，而当它遭遇到属于一元性幻象的不可能性时，却被否认或压抑了。

《安提戈涅》是一个独特的联结模式，它同时包含着“地下”的视觉性隐喻，与对社会性的不可能性（the socially impossibility）的神化或代替物；反抗的超越性潜能（transcending potential）被转化为史诗英雄注定灭亡的命运：这一悲剧形象就表现为城邦中主体性的存在方式。

德国悲剧

这种悲剧性的主体模式，在紧随着20世纪现代主义计划（projects）的失败而发生的一系列事件中，也遭遇了危机。未来社会的历史性主体应当是政党吗［如阿兰·巴迪欧（Alain Badiou）主张的那样］？还是说在社会力量解放后，政治权力就应当被让渡出来？20世纪60年代激进学生运动登上历史舞台之时，现代主义的计划正陷于停滞中。事实上，这些学生运动主要是在对两种历史境况做出回应：即共产主义政党在开展反资本主义革命时遭受的危机，以及无产阶级这一历史性变革的主体（至少在西欧和北美一些资本主义国家中）日益增强的联合。在二战后的德国——一个仍被刚刚过去的国家社会主义、对工人运动的镇压和纯洁人种的幻象的阴霾笼罩着的地方，一些年轻左翼政治运动的历史性地位由“这个世纪最后的先锋派”，摇身一变成了悲剧式的英雄主义。1967年，一场在伊朗学生联盟（一个左翼组织）的倡议下发起的反对作为僭政的古老象征的伊朗沙王的游行示威在柏林爆发了，此时沙王就在西柏林访问。当时大多数左翼学生组织都参与了这次活动。在与警察的冲突中，一名名叫本诺·欧内索格（Benno Ohnesong）的年轻学生被西德警察开枪打死，并且没有警察为此负责。这一事件成了学生运动激进化的开始，正如古德伦·安司林（Gudrun Ensslin），未来红军派的创始人之一，在这一段落中表达的：

> 他们会杀了我们每一个人。你要知道我们是在和怎样肮脏的警察对抗，我们已经杠上了奥斯维辛的一代。你是没办法和发明了奥斯维辛的人论理的。他们有武器而我们没有，我们必须武装自己。

这里的"我们"作为一个主体反对着作为整体（whole）的社会，这是一个誓要推翻"单向度的人"（the One Dimensional Man）的统治的先锋队。然而，这里的微妙之处在于它反映了一个历史的转变："我们"不知不觉地成了社会与政治之间历史性决裂的代理人。1970 年，红军派在解救安德烈亚斯·巴德（Andreas Baader）出狱的行动后发布了一个声明，其中又再次重申了他们武装斗争的客观位置："难道他们觉得我们能平和地谈论阶级斗争的发展、无产阶级的再联合而不与此同时武装自己吗？……不自保的人将死去。苟且活下来的将被活埋进监狱、少管所、工人区的贫民窟，被活埋进石棺般的新建住房、拥挤的幼儿园和学校、贷款买来的布置着漂亮家具的新厨房和卧室里。"这里最后的几句话描述了战后德国郊区生活的新的悲惨，然而这些饱含着社会同情与痛苦的语句，却诡吊地标志着他们与社会力量的各种组织形式的决裂。在晚期资本主义时代的新消费社会中，他们已经被关进了监狱或死了。在这种从拉美反殖民地运动中借来的伪游击队式的语言中，马克思“作为政治斗争的阶级斗争”（class struggle qua political struggle）的主题事实上已经被取消了。直到 1972 年，德国红军派（以及其他类似的组织，如“六二运动”——J2M）的全部创始成员都已经被捕了，被国家以同样暴力的方式监视和管制着；在组织的余党那里，早期政治性的激进主义也只沦为语词的雄辩。地下组织极端艰难的生存条件几乎耗尽了他们的全部精力，仍在进行的武装袭击主要也都只是为了组织的防卫和自保。

红军派和其他的地下武装斗争以一种令人意想不到的方式凸显出了媒体的出现，它们就像这一晚期资本主义社会的肖像。施普林格出版集团（Springer Verlag Publishing Group）和它的小报图片报（Bild-Zeitung）为了向社会灌输恐怖气氛或是要求增强安保措施的目的，充分地利用了这些好战团体作为报道的材料。红军派的成员如乌尔丽克·梅茵霍芙（Virike Meinhof）和安德烈亚斯·巴德（Andreas Baader）尽管被描绘成怪物和恶棍，却也成了暴力狂欢和消费、安保需要以及性刺激之类主题的封面人物。然而，媒体制造出的这种紧急状态（state of emergency）和图像与那一小撮左翼组织成员们极为有限的举动几乎完全不相符。

在这篇写于红军派的创建者死亡后不久的文章，“如同集体忧郁症的回响”（Like the Echo of A Collective Melancholia）中，菲利克斯·加塔利（Félix Guattari）展开了对红军派和意大利红色旅（Italian Red Army Brigade）的批判：

> 工业权力沿南—北轴展开的，那场以确保将第三世界拖在后面为目的的秘密战争，诚然是一个主要议题，然而这不能使我们忘记，还有另外一条环绕着全世界的南—北轴，沿着这条轴，大量同样重要的斗争正进行着：它关系到国家权力与受压迫的民族、移民工人、待就业者、社会边缘人、生活无保障的人和被标准化了的工薪阶层，关系到来自城市、来自贫民区、犹太人区和棚户区的人们，资本主义动员起了令人难以置信的庞大力量，投入到对这整个的、日常的欲望世界的精神性控制的斗争中。对这一系列反抗的忽视或者对它们重要性的贬低，都等同于将传统工人运动所开展的一切形式的社会斗争宣判为无能，或认为它们仅仅是一种再分配（re-appropriation）。无论我们接受与否，在今天的世界中，暴力和媒体是相互勾结的。一旦一个革命团体被卷进最反动的媒体的套路，即集体罪责（collective guilt）的套路，它就被引上了歧途，在目标上错了，在方法上错了，在策略上错了，在理论上错了，甚至在理想上就错了……

面对社会反抗的新形势，加塔利的文章也触及了作为“集体罪责幻象”所体现的“地下”想象（imagery）。按照我们对安提戈涅的阅读，清楚的是，红军派创始成员的牺牲行为可被看作为其父辈在奥斯维辛事件中的罪行所付的代价；这也是为何这些武装行动（以及他们对社会的解读）会导致政治与社会领域的关系被模糊化的原因——这不仅十分清楚，甚至是显而易见的。

乌尔丽克·梅茵霍芙这一形象，红军派的领袖之一，其生活和最终归宿可以很清楚地解释我们所讨论的幻象的问题。早在1970年她答应帮助安德烈亚斯·巴德的朋友袭击监狱保安并释放巴德时，她的激进性格就早已经人人皆知了，她曾写过大量关于底层团体的社会生活状况，特别是女工的生活状况的报道。她还在柏林的许多社会项目中表现活跃，并且录制了一档电视节目（但从来没有播出过，因为几乎与此同时她就加入了红军派）和几期有关少管所中不人道状况的广播节目。在协助巴德逃跑行动之后，她也就不得不抛开两个女儿和记者生涯，与巴德一起潜入地下。梅茵霍芙很快成了图片报（Bild-Zeitung）式宣传和德国整整一代激进妇女群体心目中熟悉而有吸引力的面孔，如德国作家埃里希·傅立特（Erich Fried）在那时期的文章中将她评价为“自从罗莎·卢森堡（Rosa Luxemburg）以来德国政治界最重要的女性”。在巴德被释放后，梅茵霍芙自己的一段话将那一时代特有的情绪与论辩结合了起来：

> 但这就是我们，这就是我们来自的地方：伴随着毁灭的鲜血与大都市社会的堕落、一切人反对一切人的战争、一切人反对一切人的竞争、体制、与充斥着恐怖的法律、竭力地摸爬滚打——它们统治着我们；

在这里，多数人为一个人而牺牲，人们被划分为男和女、老与少、健康的和不健康的、外国人和德国人，为了名誉而拼得头破血流。我们就来自这里：彼此隔绝的连排公寓、市中心的混凝土森林、囚房、精神病院和诊所；我们来自媒体的洗脑、消费、殴打的惩罚与宣扬非暴力的意识形态，来自萧条、疾病、解密、侮辱、人类的耻辱与一切被帝国主义剥削的人。在我们满足了每一个人的需求，并实现从资本主义中解放出来的必然性之前，我们在这毁灭性的体制下已经一无所有，一切都要通过武装斗争获得：集体的解放、生命、人道与个性。凡是人民、群众、流水线上的工人、流浪者、囚犯、学生、最低阶层的人们和第三世界国家的解放运动所关注的，我们也同样关注。我们投身其中的：武装与反资本主义斗争，也是人民的关切，反之亦然——尽管这斗争在起初将进展得缓慢而艰难，游击队的军事—政治进攻将成为一场真正的人民战争。这一切都将切实地发生。

梅茵霍芙和红军派其他的创立者，在几次游击战后很快就于 1972 年被捕。四年后的 1976 年 5 月 9 日，人们发现她死于囚房中，警方宣布她是自杀的。这一年的秋天，古德伦·安司林、巴德、杨·卡尔·拉斯沛（Jan Carl Raspe）也被发现死在了总部（*Stammheims*）有最高安保措施的牢房中。这一消息引发了一轮抗议的声浪，在西柏林举行的葬礼变成了向政府宣战的政治示威。梅茵霍芙及红军派的其他创立者都成了德国先锋派的烈士。

这一武装斗争与绑架的时代，和紧急状态下国家残忍的暴行，红军派展开盲目且失败的行动，这些又一再激起在那些把自己置于律法之上的人和那些以律法为名义行动的人之间的斗争。德国现代主义进程的这一终点植根于诸多因素，其中包括20世纪60年代学生的激进主义、巴黎1968年五月革命事件、德国的纳粹史以及并存的两种现代主义模式：同一个“德国”名下的自由资本主义与国家社会主义（state socialism），最后还有战后福利国家创造的新社会景观。这一系列事件给整整一代作家和艺术家留下了不可磨灭的印迹。作家例如君特·格拉斯（Günter Grass）和海因里希·伯尔（Heinrich Boll）以及在德国之外的知识分子，如让—保罗·萨特（Jean-Paul Sartre），艺术家和电影制片人如格哈德·里希特（Gerhard Richter）、亚历山大·克鲁格（Alexander Kluge）、宁那·华纳·法斯宾德（Rainer Werner Fassbinder）、沃尔克·施隆多夫（Volker Schlodorff），他们的作品明显与这一系列事件有关。《德国之秋》（*Germany in Autumn*）是1978年一部集体制作的电影，它是对这段时期德国知识分子、艺术家同政治局势间不融洽而又紧密的关系的艺术性总结。

这部电影由海因里希·伯尔编剧并由施隆多夫导演，其中一个片段讲述了这样一个关于戏剧《安提戈涅》的国家电台广播剧的故事，这个广播剧最终出于政治考虑取消播出。这一片段展现了国家电台的执行部门的一次会议，其中讨论了安提戈涅是否会被同红军派创立者们的命运结合起来。这一片段被葬礼仪式的纪录片打断了，这正是暗指《安提戈涅》的情节与德国1976年秋天的局势的平行关系。托马斯·埃尔萨瑟（Thomas Elsaesser）在他1997年的论文中，解释了《安提戈涅》在《德国之秋》中的象征意义：

> 受索福克勒斯的原文及荷尔德林—黑格尔—布莱希特解释学的启发，《德国之秋》对政治危机其他方面的描写开始回荡在这部电影所搭建起的象征性—戏剧式空间中，它将萦绕于德国近年来的历史之上。例如，如果我们知道斯图加特（“双重葬礼”的发生地）的市长恰巧是曼弗雷德·隆美尔（Manfred Rommel）——有沙漠之狐之美誉的陆军元帅埃尔温·隆美尔（Erwin Rommel）的儿子，就会发现电影中借用了“国葬和自杀”这一比喻。影片中还穿插了一段二战的新闻影片，片中年轻的曼弗雷德站在父亲的棺材旁边：他的父亲埃尔温在阿莱曼战役（El-Alamein）中战败后被纳粹命令自杀，以此为条件，希特勒为他举办了国葬并授予他民族英雄的荣誉。现在1977年的小隆美尔似乎成了一个仁慈的“反面克瑞翁”，因为作为市长的他做出了一个（如他在影片《德国之秋》中所说）“干净利落的决断”：这三个恐怖分子可以在城市的一处有名望的墓地举行有尊严的葬礼，而不是被交给斯图加特的公共舆论，后者主张把这些人的尸体“扔进阴沟里”。

然而，这种将悲剧诗学与红军派在繁荣的资本主义德国所展开的景观式行动进行的类比，不仅是成问题的，而且还忽略了红军派试图解决的当代德国社会的矛盾本身。埃尔萨瑟提醒我们注意到这些成员的各种举动，开快车、通信、技术性的技巧以及上演街道暴力，都包含着某种暧昧不清的美学和政治维度。然而，他认为这一类比关涉的是某种在法律之外的自我设定行动（the act of self-positioning）。一个不可避免要发生的行动，它是斗争的集体性形式（collective forms of struggle）的一个内在缺失（lack）的结果。因此，他写道：“但这种将我们引回安提戈涅的可能性，也就是这个特别是德国人难以说出‘我们’的困境，可以使我们进一步把红军派视为一种‘欲望’（desiring），他们行动的目的也是为争取一个可供他们进行表达的主体位置——一个在客观上不可能的、否定性的，但却被‘正当化了’（justified）的‘我们’的位置。就像安提戈涅，她通过站在律法之外（outside the law）而不是高于律法（above the law）的位置进行言说，得以成为西方政治思想中的‘伦理的’主体，因为外在于律法的位置对于任何一个凡人而言都是个（不是位置的位置）‘非—位置’（non-place）……”

尽管埃尔萨瑟对一种可能将政治事件简化为戏剧的历史性大纲的、过于草率的解释学的阅读做出了精微的批判，当他讨论到“一种在法律之外的位置进行表述（enunciation）的可能性”时，他的分析也遇到了类似的问题：那一能够进行表述的位置完全是再现性（representational）的，埃尔萨瑟未加置疑的假设是，美学再现（aesthetical representation）与对社会不协调性（inconsistency）的清晰表述（articulation）能在伦理行动中相合（coincide），并在一个离开律法领域的决断（decision）中获得实现——而他却忘记了悲剧总暗含着“再现的倍增”（doubling of representation）。作为戏剧角色（persona）的安提戈涅是对再现之不可能性［“非—空间”“非—乌托邦”（atopia）］的再现。用人们更熟悉的术语说，就是否定之否定，然而这一辩证法没有任何肯定性的结果。具体地说就是，红军派及其行动只是再次确认了这一“我们”是站不住脚的，因此他们只是客观地再生产了“秩序”早已知道的东西：秩序之外什么也没有。也就是说，红军派如同一道屏幕（screen），在关键的历史节点上遮盖住了律法本身的裂缝（split）。

景观的神庙

“地下”这一概念在索福克勒斯的悲剧和自我牺牲的历史性行动中，都是一种视觉性隐喻（visual metaphor），它自从国家作为建立在普遍性律法之上的主权力量出现以来，就一直在发挥作用。这种可操作性（operationality）最终于德国20世纪70年代后期《明星》（*Stern*）杂志的封面上终结了。德国那年的秋天标志着一个彻底的转折：“地下”的视觉性隐喻，即使是在它的“神话性”版本中，也不再与真理相连，而是作为时代的遗迹被上演（staged），这一遗迹就是我们一开始提到的“失败的悲剧英雄”。

如果说现代已经不可能再有悲剧的地盘，这不仅是因为现代人似乎更畏惧死亡，更是因为唯一可能被生产出来的悲剧效果也被纠缠进了现代性舞台上的史诗行动中。然而梅茵霍芙的形象已经表明了这种力量布置（configuration）的终结。也就是说，作为再现（representation）的“地下”形象已经一去不返，并转变成了社会的视觉性过剩（visual plethora），这里的社会无法再在它自己制造出的景观（spectacles）之外存在。“地下”在这种意义上是“不可能性”的图像（image of impossibility），对图像的展现的管制和计算，这也就注定了它将滑入庸常观念的循环中。取而代之的是，当代意识形态庄严的制高点是一种滑稽剧般的重复：最引人注目的可见性（striking visibility）荣光闪耀，而所有行动的根基却都被打成了碎片：耶利哥（Jericho）之墙和伊拉克神庙的断壁残垣见证着这一过程。

机器式生活

译者：周阳

乔治·佩雷克（Georges Perec）在《生活：一本使用手册》（*Life: a User's Manual*）[①] 一书中描绘了一座单一建筑中的居住者的生活，他将这被刻画得细致入微的世界组织成一个包含各种命运的目录。追随以雷蒙·鲁塞尔（Raymond Roussel）的散文为代表的某一法国现代主义传统，《生活：一本使用手册》包含了大量对诸物（things）的无止境的、巨细靡遗的描述：那些填满了这座世界—大厦（world-building）的家具、壁纸、隐秘的嗜好、乏味的日常程式。这部作品就是现代福利国家里流行的对生活的社会学分类的一个仿冒品。不过更为重要的是这部小说的确凿的态度，书的末尾处的详尽无遗的索引。小说那迷宫般叙事的索引囊括了所有被漠然地放置在一起的诸物、人类与对象。这里所有的安排都遵循着所谓平凡的世界的一套逻辑：一个被描绘得细致入微的世界，它是繁多条目的叠交，

① La vie, mode d'emploi, Hachette, 1977.

交错关系的网络，专有名词分门别类地被索引，以拓扑学的方式被定位。在乔治·佩雷克更早的小说《诸物》(*Things*) 中，作者已经描绘出了这样的一个世界，在此世界中，社会学与统计学的数据在人的关系与物的关系之间画上了等号[①]。

乔治·佩雷克对现代生活预言式的描写被一个悲剧所标记，人们可以将此悲剧与马拉美（Mallarme）的乌托邦计划，即《书》(*Book*) 放在一起形成对照。他这一未竟的计划是这样一部书，它没有装订，奇偶页（versos and rectos）可以互换，按照设想，它要在每一次阅读中被重新创造出来。于是阅读变成了这样一种东西，它就像马拉美那诡谲的掷骰子游戏的结果一样：骰子的每一次掷出都被另一次掷出所取消。投掷行动并不知道游戏的规则，它与（落在）桌上的骰子也不相一致，它是一个由决断（decision）产生出的不确定性正消失的瞬间（vanishing moment of uncertainty)，就其自身而言是时间的差错（in itself a lapse of time）。这里的问题是，如何从一种奇点（point of singularity）的视角来把握这个世界，而不将之化约为另一个物（Thing)？这一问题站在人的关系——它高于并反对物的关系——的视角上，重塑（recast）了这一视角。我们要从采纳奇点——即一个不可量度的事件，它是如此之大，以致无法被铆定于一个位置；又是如此之小，以致无法建构出一个整体——获得位置（taking the place）的立场开始，而不是

① Cf Karl Marx, Capital, Vol. 1.

将奇异性当作已然发生的（that already has taken place），将其闪现化简为对它在世界中的因果决定关系的调查研究。从这种视角展开思考是一种知识计划——它关联着巴迪欧（Badiou）、德勒兹（Deleuze）、拉康（Lacan）这些各异的思想家——的核心。撇开它们相互之间的根本差异不论，上述几位的理论都可归类于我称之为“与物世界相对抗的唯物主义思想的政治”（politics of materialist thinking against the thing-world）：即思想作为一种反对当代资本主义拜物教式社会关系的行动。

机器式视觉

基于这样的背景人们才能把握我们时代的计算机化意象（imagery）和包围着文本生产的意识形态功能。诚然，在符号（sign）分配与生产的全球化体系中，一个重大转变已然发生。在关于数码媒介的文献中，可以发现这样一个基本假设：视觉数据生产的机器化或计算机化过程，导致了在机器与认知图绘（cognitive mapping）活动的后人类网络中，意识的不稳定的、脉冲式形态。[①] 弗里德里希·基特勒（Friedrich Kittler），上述文献的一位主要的作者，这样解释道：“调制（modulation），转换（transformation），同步

① 参见其中［美］约翰·约翰斯通（John Johnston）的《机器视觉》（“Machinic Vision”，Critical Inquiry，1.，Autumn 1999），关于模拟符号与指涉性，参见［美］威廉姆·米切尔（William J. Mitchell）《重新组装的眼睛：后摄影时代的视觉真理》（*The Reconfigured Eye*：*Visual Truth in the Post-Photographic Era*. Cambridge，MIT Press，1992），［德］弗里德里希·基特勒的著作，尤其是《留声机，电影，打字机》（*Gramophone*，*Film*，*Typerwriter*，Stanford University Press，1999）为据称是计算机化意象中贫乏的笛卡尔式自我的独特图示提供了一个独特的例子。

化（synchronization）；延时（delay），存贮（storage），换位（transposition）；加扰（scrambling），扫描（scanning），图绘（mapping）——一种基于数字化的总体媒体（total media）将抹消媒介的概念。绝对知识将不再连接人与技术，而是作为一个无尽的循环运转。”①

这里反复出现的核心论题是：一个全新的虚拟空间已经取代了中心透视法中的点状（punctiform）主体性。这一论点强调，由非身体化的机器装置产生的空间已经能够将知觉（perception）从肉身的限制中解放出来。这一论点包括两个并存的框架。被数码化的可能性所颠覆了的视觉符号（visual sign）的类比（analogical）特征，涉及的主要是一个符号学（semiotic）框架以及背后支撑这一框架的对图像（image）的本体论宣称。一个符号学框架无须包含任何视觉指涉物（reference）。另一方面，发生在计算机化的意象（computerized imagery）中的观看视角的去辖域化（de-territorialization），又有赖于凝视与人类身体之间关系的现象学概念。这两个框架的融合还有赖于一个更为重要的假设，即图像（image）与视像（vision）的等同。在新媒体理论中，想象（imagination）与视觉化（visualization）被当作两个可以互换的术语来操作。但是，图像既非（且不能）仅限于视像，也不是单纯的看（seeing）。图像标出了一个比视像—知觉（perception）—凝视（gaze）这一系列所能涵盖的范围更为宽广的领域。图像也能在非视觉的情况下产

① 参见《留声机，电影，打字机》。

生：阅读一本书就激发了图像，图像在幻觉状态中被唤起。[①]

这里的要点就是图像的超溢性特征：它反对并外在于视像的领域。出于种种理由——它们都与资本主义世界视角中诸物的再现紧密相关——20 世纪的认识（epistemic）模式以视像对图像的敌对及压制为出发点。结构主义传统已经让图像——基本上被视为一堆图形元素的组合——从属于意指差异的领域（the register of signifying differences）。可这样一来，图片的想象性元素（imaginary element）就被过度简化了，它仿佛是按照古典时代反偶像神学（iconoclast theology）的原则被对待。在这方面，举例来说，拉康的一些早期研讨班就论证了符号秩序（symbolic order）的优越性，换言之，能指系统压倒了想象界（the imaginary）。

正是图像与视像的等同规定了机器视角的话语中的主体范畴。主体作为视觉化的行动存在，而图像则是一个物（thing）。

去辖域化的凝视

在关于影视艺术（video art）的一篇文章中，作者马克·汉森（Mark B. Hansen）从《银翼杀手》（*Blade Runner*）中选取了一个场景："瑞克·戴克（Rick Deckard）将一张相片扫描进一台三维呈相仪中，操纵仪器去探索那压

---

① 参见［法］米歇尔·德塞都 in *Practice of Everyday Life*, University of California Press, 1984。在巴黎地铁中的阅读场景就是这样一个想象的场景，它逃逸出视觉上既定的、可识别的情势的公众控制。

缩于二维照片中的空间，就好像这张相片是三维的一样。依照戴克在图像空间中放大、左右转动的指示，仪器打开了二维相片所再现的‘实在的’（real）三维世界。在瞥见他的猎物（它映在那一空间中的一面镜子上）——一个逃亡的复制人——之后，戴克操作仪器，绕到那遮蔽着逃亡者的二维相片视角下的障碍物之后，命令仪器呈现其所见。遵照戴克的打印指令，仪器印出了逃亡复制人的相片，而这一相片，就其字面意义而言，就是二维原图的一个不可见——事实上是并不存在的——部分的特写。但是，按照这一场景的幻象，简单地说，这一不可能的相片只是——或者将是——那些组成三维数据空间的数据集合体中某个数据点的图像。”①

汉森随后又指出，这一场景展现了二维信息向三维空间呈现，而这一呈现在某种意义上独立于任何与视觉知觉（visual perception）相关的给定视角之外。于是就视觉符号的指涉性（referentiality）这一点，数码视觉生产的空间性质被进一步讨论，这篇文章下结论道：“通过此指涉的去领土化，我们来到了《银翼杀手》中的那个场景——在那一刻，计算机能以一种从人类视觉的光学性（optical）、透视性（perspectival）和时间性（temporal）的条件中深刻地解放出来的方式去‘看’。通过这一场景所设想的计算机视觉形式的物质性成果，换句话说，我们见证了一种对特殊的、透视式图像的引人注目的去特权化，这一过程偏爱的是对

① Mark B. Hansen, Diacritic, Winter 2001, p. 54.

整个数据空间——一个囊括所有可能的图像在内的指令表（repertoire）——的总体的、完全可控的把握。”①

现在，我刚刚已列举出的理论路径就由两个不变量呈现了出来：即作为诸物之间被图绘的关系的图像的空间规定，和作为主体的规定性的视觉知觉。就后者（视觉知觉）而言，主体被当作一种位置性（positionality），但相较于15世纪（quattrocento）绘画作品中的透视法立场与光学原则，这种位置性被认为是以非常不同的方式组织的。无论是作为位置性的主体概念，还是空间——作为可认知的关系的被图绘了的领域，它们都是表面的德勒兹式术语下隐藏的不变量。机器视觉理论中的这些不变量还需要进一步考察。汉森所讨论的《银翼杀手》中这一场景，描绘了一个由某种信息交流模式造成的暂时性短路，在此模式之中，视觉界（the visual）被直接接入大他者（other），仿佛它是个自动机，绝不会错过数据串（strings of data）的循环往复中任何可能出现的差异，这些数据串位于这样一个场域中：其中的坐标完全由信息发送者的意志与信息接收者的欲望之间的路线所决定。这一模式基于两个假设。首先，符号的世界是有限的，所有东西都已经在那里，如果有什么没有被觉察到，那也仅仅是因为它被隐藏了（concealed），比如说隐藏在代码（code）传递中产生的杂音背后；在将来的某时，当作为机器的凝视转（turn）过来的时候，它就会被给出来。其次，这一永恒回路所提取与再现的东西，恰恰

① Mark B. Hansen, Diacritic, Winter 2001, p. 57.

就是主体——这部电影的主角——想看见的。时间在这里完全是个能从“现在”（present）中推演出来的建构；“未来”是这一循环的下一次回转，而“过去”是“现在”为了进行下一次回转所要知道的东西。这并不是汉森在我们的例子中所强调的指涉的实在性（the real of reference），也不是“真理”（truth），而毋宁说是一个依照系统本身的规则对数据的真实性进行核实的传输协议（protocols）。事实上除了“现在”，什么都没有发生。问题的关键是要认真对待机器视觉。《银翼杀手》并不仅仅是一个再现结构，一个所谓的信息社会的症候。它是一个意识形态装置，一架作为技术设备之拼装的机器；它是一个图像—物（Image-Thing），它积极地预设了一个被编目的世界（indexed universe）的总体性，该世界同时包含了观影者与影像投映（filmic projection）本身。被授予电影主角和授予观众的位置（完全）重叠了：一个给定能指的评注者的自由的完整性（liberal integrity）——根据定义，这能指的意义要在机器所产生的、预先设定的技术性秩序的回路中，被永远地延期。

大他者的技术

因而，电影中这一不可见之物的再生产场景，并非像汉森所声称的那样是关于指涉的去辖域化（除非我们以一种天真的方式理解“指涉”这个术语），而是阐明了我称之为“大他者的技术”（techniques of the other）的东西。它的功能是将不可见之物再现为一个可以在非时间性（a-temporal）回路中被决定的物（thing）。

阿兰·巴迪欧关于决断与事件的理论或者拉康的对象都应当在这一“大他者的技术”的背景中被解读。在拉康与巴迪欧那里，一切给定的情势都被自我同一性的缺失所标记。这一缺失或裂口使“大一”（one）与其自身分离，并始终与视觉场域本身的光学结构相异，尽管这视觉场域建基于这缺失之上。换句话说，存在（being）在这个空间中任一点上的闪现（advent）总是超出任何对情势的良序的视觉编绘的范围。举个例子来说，拉康式的污点（lacanian stain）并非关于视觉场域的内在限制，而是将“看的欲望”（desire-to-see）暴露于大他者核心之中不可再现物的限制面前。与这一严格来说缺乏存在（existence）的对象相遇的主体，并不对应着作为“大一”（one）的大他者，而是对应着它[①]作为一个占位符（place holder）的功能，这个占位符代表了实存（existence）内部的一致性的缺失。

二

数码化视觉是这样一个过程，它依照一组有限的建构规则，对输入数据（input data）进行自动缩放、移置和匿名化碎片。换句话说，它基本上是由物进行的对物的科学加密过程。

但是，假如这是真的：即视觉场域中的点状主体已经被那基于网络和数码技术的匿名性所取代（supplan-

① 指“大他者”。——译者注

ted）——这一匿名性（anonymity）是景观社会（the society of spectacle）的标志，它本质上是对诸物和图像（things-image）的不加区分（indifference）——那么，无身体的凝视（gaze without body）的概念所意味的，准确地说就不是视觉的解放，而是其反面：一个从图像分离出来的凝视的具象化，导致一个更为压倒性的幻影般的大他者在场。我想这正是"大他者的技术"生产的最近的转变所产生的最核心的后果。这一大他者是对符号流通（circulation of signs）中遍在的"大一"的恢复。

此外，这一幻影般的凝视还支撑了享乐的统治（regime of enjoyment），这一统治建基于一个管理、归类差异的完美秩序世界。用更为精准的拉康术语说，这涉及的是"大一"（one）的一种全然灾难性的阳具快感（phallic jouissance）。[①] 即使我们时代的主导信条（doxa）全部都是针对阳具中心主义或父权制秩序的批判，等等。阳具快感，尤其是匿名大他者的视觉快感的幻象，依然由一个被机器编绘了的世界中诸物的与日俱增的重要性产生出来。各种媒体论述中不厌其烦地强调的身体的脆弱性，受害者论述（victim discourses）的泛滥，或者当代艺术中的去权力论述（disempowerment discourses），全都是一个幻想的结果：（我）总是暴露在"大一"的贪得无厌（insatiable）的快感之下。这一症候性幻想（symptomatic fantasy）的简单翻转，即在回

① 这是从这样两个重要的拉康式命题推导出来的："不存在性关系"（There is no sexual relationship）和"存在一（one）"（There is one/Ily a de l'un）。就这两个命题，可参见《再来一次》（*Encore*，Le seminaire XX，Seuil，1977），p. 116。

归身体的纯净呈现（pure presence of body）中对“实在界”(the real）的追逐——在宗教或者政治正确的话语中都清晰可辨——其实是“想象不可能超出大一的领域”这一预设的运作。乔治·佩雷克写于20世纪60年代和20世纪70年代的著作就是对上述大一的领域的艺术呈现。毫不出乎意料，它们是一个囊括了图像与视觉场域的等同的想象的实例。

不可命名之物

“实在界”（The real）在这里是作为一种不可再现的限制（non-representable limit）而引入的。这并不意味着“实在界”（the real）就是以存在（being）的呈现之肯定性基础的方式出现的虚空（void)。时间的消逝本身——马拉美的掷骰子——就其与“实在界”相关而言，它既不占据任何特定的位置，也不能拥有任何实质的一致性（甚至也不能以虚空的形态达到这个目的）——否则，假如将它当作一个实质位置（substantial place)，我们又将陷入一种对“实在界”或虚空的膜拜之中。事件的事件性（eventfulness）建基于预期下的干预（anticipated intervention)，而这一干预并不取消“不可决定之物”（the undecidable)。[①] 举个例子，一件艺术品或者一个革命性决定，都会在不同层面（registers）产生不可逆转的物质性踪迹（irreversible material traces)。否则，这一干预性决定又将令人不安地取消

① 可进一步参见我的文章《索引与预期》，见本书。

掉纯粹的不可决定性，那样，留给我们的就仅仅是一种无条件意志的纯粹行动，它填充了那曾是其来源的虚空。而这又将是向被“大一”所操纵的神学世界的倒退（regress）。

在一段关于塞缪尔·贝克特（Samuel Beckett）的讨论中，阿兰·巴迪欧发展了不可命名之物（the unnamble）这一概念，这在某种意义上是对主体性时刻（subjective moment）与不可决定之事这两者的关系的进一步发展。[①] 对他来说，不可命名是一个术语（term），“没有任何一个命名（naming）能够校准它（指不可命名之物——译者注），（无论）它（指这一命名——译者注）拥有的、生成真理的踪迹的来源如何巨大”[②]。无论如何，“大一”凋敝（destitution）之后，它遗留下了一种最小限度的、最终的独特点，巴迪欧称之为“单一性”（unicity）。正是这“单一性”同时分隔并联结了思考与诸物（thinking and things）。它标记了存在于诸物与思想的关系中诸物的激进的漠不相干（radical indifference）。这就是那个我称之为（位于“大写他者的技术”之中的）快感来源（source of jouissance）的东西。在这个“单一性”面前，主体——假设它就是承认/接受了（做出）伦理抉择的命令的那个主体——往往不可避免地并且永远以一个预期的（anticipated）主体时刻的方式被引入。在我们面前摆着两条道路：要么在“遮蔽状态”（Verborgenheit）的游戏中无休止地漏排（indeation）不可见之

① 参见［法］阿兰·巴迪欧（Alain Badiou）《诸条件》（*Conditions Seuil*，1992）。

② 同上书，第209页。

物的指涉，要么对一种可想象的重掷骰子的及时预期忠诚——这一重掷是对日常生活体制（everyday life regime）的推翻。那些仍旧求助于全视大他者（all-seeing other）的群众起义（popular uprising）或艺术实践（artistic practices），仍然滞留在资本主义拜物教的视觉领域之中。只有走出这样一个范畴，起义才能变成革命观念，艺术实践才能被转化成一件艺术作品（artwork）。所有这一切都暗示着事件性（eventfulness）是一种稀有的东西。

弗雷德里克·詹明信的历史

译者：周阳、苏子滢

我第一次接触到弗雷德里克·詹明信的著作还得追溯到20世纪80年代末。那还是你听“新建筑崩塌”（*Einstürzende Neubauten*）的音乐，看维姆·文德斯（Wim Wenders）和彼得·汉德克（Peter Handke）的《柏林苍穹下》（*Der Himmel über Berlin*）的年头。我最近在重看《柏林苍穹下》，我被那将我们的时代与战后欧洲——它的各种制度、福利国家和西柏林——分隔开的距离震撼了；被一个历史性场域震撼了将其自身与德国其余部分分隔开，并且在许多方面与它自己的历史相脱节。

《柏林苍穹下》那段在美学上如此迷人的开场段落，展现出了在天使视角下的日常生活的一系列图像，随着镜头划过房屋、街道和公共空间上空，音轨使观看者听见这座城市里的居民的内心独白。那里，人们内心私语的声音回荡在有着光鲜的现代主义建筑结构的柏林中心公共图书馆中。这一天使的视角，一方面使得这座在政治上被隔离的城市居民的日常生活命运相对化了；另一方面也将不计其数的、细微的、琐屑的和重大的思想都统一到一种悲悯的人类现实之中。那时候，那些长翅膀的天使还在地上行走——而这段历史已一去不复返。

在我们的时代，历史的天使，就像瓦尔特·本雅明（Walter Benjamin）所称呼的那样，在找寻他们的道路方面遇到了更大的困难，而这并不仅仅是由于那种盲目地奔向未来的进步——本雅明在其历史哲学论纲中将之与弥赛亚时间相对立。历史是一个成问题的概念，对于马克思的读者来说，尤其如此。在《德意志意识形态》中历史被设想为一种“科学”，但这一提法最后却被删掉了[①]。

弗里德里克·詹明信的著作见证了一个伟大的马克思主义者的跨学科雄心：在詹明信丰富的写作中，多种多样的主题都被反思了：他对后现代主义的艺术、文化作品的分析，他关于阿多诺对晚期资本主义的“行政化世界”（the administered World）的唾弃的有争议的解读，贯穿科幻小说和电影的对乌托邦计划（projects）的追寻，以及他早期与形式主义和结构主义理论的牵连，所有这一切或许都遵循同一个要求：从未来的角度去进行历史化；而正像德里克·贾曼（Derek Jarman）在撒切尔时代的凯旋之音中所曾经指出的，由于缺乏兴趣，这一未来似乎已被取消了。[②]

---

① 至少照［德］阿尔弗雷德·索恩—雷特尔（Alfred Sohn-Rethel）的说法是这样，参见 Alfred Sohn-Rethel. *Intellectual and manual labour: a critique of epistemology*. Macmillan, London, 1978, p. 212。

② 参见 *The Last of England*, 1987。

把弗里德里克·詹明信解读为这样一种思想家可能更为合适：他处于世界——在这个世界中，公私之别仍然存在，它们仍然是有组织地对立着的术语——的持续瓦解之中[①]。这一转变的主要特征已被许多彼此不同的理论强调过：欧洲与北美的工业生产关系的消亡，技术知识—密集型（knowledge-intensive）生产［马克思的“一般智力”（General Intellect）］的集中化，在全球资本主义不断扩大的累积循环中作为地理政治分隔物的金融资本的增长，新自由主义意识形态的出现，19 世纪诸多旨在追求一种不同的生产方式的计划（projects）的终结。事实上，当彼得·汉德克的柏林天使——在保罗·克利（Paul Klee）绘出那幅受惊的天使画像后的若干年——仍旧试图将那过去时代的残砖碎瓦拼凑在一起的时候，一个别样的世界已经被设想了。

但是，我开篇处的“主观的”记忆——它当然可以被解读为一个图像刺点（image-punctum）［就像巴尔特（Barthes）所称呼的那样］，一种被建构、并被调换到过去的记忆，也揭示出另一个重要话题：历史主义。因此，我们将面对一个更为基本的问题：“主观呈现”（subjective presence）是如何区分于“过去”的，或者我将更为恰当地将之称作：呈现（presence）的形象（figure）是如何将其自身与背景（ground）区分开来的。换句话说，即如何将当下（present）对过去的影响辩证化。

---

① 维姆·文德斯《柏林苍穹下》中这一幕镜头就被这一政治化、空间化的组织打上了印记，与此同时，电影将它对比于那种通过对人们内心喁喁私语的浊音化而呈现出来的私密空间一种高度布尔乔亚的文学装置。

在其早期的一个文本中，詹明信已经针对当下对过去的影响，勾勒出一套唯物主义的辩证方法，他的方法是颠倒那些术语的顺序，从而将这同一个顺序去主体化（de-subjectifying）：“并不是我们在评判过去，毋宁说是过去（甚至是与我们自己的这个生产方式直接关联的那个‘过去’），是其他生产方式的根本差异在评判我们，将那些关于‘我们不是什么’‘我们所不再是什么’‘我们还不是什么’的令人苦恼的知识抛给了我们。这就是我要说的意思：‘过去’告诉我们那些我们自己的、虚拟的（virtual）和未曾实现的‘人类潜能’（human potentialities），但这可不是一堂启迪心智的课或者有关个人或文化‘发展’之类的东西。毋宁说，这是关于贫乏的教训，它对商品化的日常生活、物化的景观以及我们在这个塑料和赛璐珞的社会中被伪造的经验提出了质疑。”①

或许，并不仅仅是历史概念的复杂性，还有当下时间中的历史的瞬间闪落（momentary eclipse），这些都由现代时间中历史概念的分歧生发而来，革命的时间并不仅仅是叙述当中的一个转折点，它毋宁是时间的不可预期的、偶然的分隔物（divider）。因此，历史使我们面对两个域（register），各自有着一定的政治和本体论内涵：一方面是变化的突发性、最终的刺点（punctum），另一方面是叙事。变化的时间性与“新”的出现、非存在的来临相关，而按照另一条脉络，讲故事或是叙事敞开了一个语义学场域，

① Fredric Jameson, *Marxism and historicism*, New Literary History, 11(1): 41 - 73, 1979, 70.

记忆与忘却、永恒复归或伦理原则在此相互纠缠。[①] 如何就这两种历史或被归之于历史的两种价值之间的关系加以表述呢？詹明信就是如此思考这归属于历史化（historicization）的根本的二律背反的，也只有在此二律背反的关联当中，一个更为关键的问题才会摆在詹明信那里：如何防止历史的这种二价性（bivalence）堕入一种超历史的模式中，后者事实上取消了所有历史。

更仔细来看，这一二律背反的两极如果分开来看，都试图悬置历史本身。“变化”（change）的现代概念将会把背景——相互关联的诸事物的历史分层——化约到一种浅—深模式，如塞尚（Cezanne）以来的现代绘画那样；化约为一种极端现代主义（high modernism）的平滑表面，就像在巴尼特·纽曼（Barnett Newman）的某幅画作那里一样[②]。另一方面，将历史设想为某种类型或叙事形式——这已经是该问题的某种后现代主义进路的特征——也很容易走向它的反面；它重复了中心透视法的那种姿态：变化（change）现在被当作由解释本身所建构起来的几何空间中的不可见中心。在事件（Event）被同化之前的无尽等待（就因为应该有一个事件，它直接转化为一个叙事上的转折点）就是对那些从不质疑其自身根据之无限可能的解释的一个简单翻转。

① 同样的对立可以说产生出了激进美学当中两种不同的马克思主义路径，它们分别以布莱希特（Bertolt Brecht）的戏剧与阿多诺的美学为代表。

② 关于在背景、即色彩的领域与形象之间的关系中所包含的相互对照的可能性，参见 Gilles Deleuze. *Francis Bacon*: *the Logic of Sensation*. Continuum, London. New York, 2003。

这些位置在马克思主义理论之中都有其对应的代表，后者的趋势——且不论它的表象如何——无异于苏联马克思主义实际运作的方式，其在文学领域中对内容进行象征式和寓言式的解读；而前者，事件—中心化的一脉，则可以在唯意志论的特定政治形式之中被认出，它刻画了20世纪60年代欧洲许多激进（主要是以学生为核心的）运动的特征。于是，显然詹明信的著作自始至终都在处理作为二律背反的历史的谜团，让这谜团从一个辩证的分离器中漏过，并且在理论和政治上拆解了那诸矛盾与中介纠缠环绕着的网络。在对詹明信著作中的历史概念进行一番更细致的考察之前，恰当的做法是先将其著作置于20世纪70年代、20世纪80年代美国大学中的批判性转向这样一个更为广阔的背景中。

1. 亚特兰蒂斯或语境

自20世纪70年代以来，对于北美人文学科那些既定的教条，善于接受大陆理论话题与大陆哲学的、激进化的更为年轻的一代开始了批判性的重估，这尤其是在比较文学研究和艺术史领域。在这波激进化的浪潮中，对于许多文化制品的批判性研究，马克思和马克思主义都扮演了首要的角色。罗曼·雅各布森（Roman Jakobson）和俄国形式主义等作者起初是通过罗兰·巴特（Roland Barthes）在文学领域的著作、克洛德·列维—施特劳斯在人类学领域的著作、罗曼·雅各布森和俄国形式主义这一类作品被率先引入的。[①] 其后，结构主义与符号语言学的盎格鲁—美国变

---

① 参见 Fredric Jameson, *The Prison-House of Language: A Critical Account of Structuralism and Russian Formalism*. Princeton University Press, Princeton, N.J., 1972。

种，对被符码和景观所日渐饱和的世界的一种分析性的感性（analytical sensibility）被引入学术界，并很快地在比较文学、电影研究、女性研究和艺术史领域开枝散叶。一些很有限的拉康的早期术语，最著名的像“镜像阶段”（Mirror Stage）和“凝视”（The Gaze），还有阿尔都塞的一些话题都被认为能修补符码系统与主体——主体似乎被排除在早期结构主义路径之外——之间的关系。在《词与物》（*Les mots et les choses/The Order of Things*）中被勾勒出的福柯的方法论，罗兰·巴尔特图像分析的外延轴与内涵轴，还有在他之后的著作《S/Z》中所谓文本结构的封闭结构，克里斯蒂安·麦茨（Christian Metz）的想象的能指（imaginary signifiers），所有这些颇为精巧的理论和方法论路径都被应用于对文化制品的批判性研究上。在盎格鲁—美国背景中，这一串问题与其可能的答案会多多少少有些不同，这有很多原因，学术环境的独特布局就是其中之一：在这里，哲学被规定在分析性计划（project）的狭窄的限制中，因而无法与那通常被冠以“大陆哲学”之名的东西展开对话。

阿尔都塞式的、福柯式的和拉康式的争论统统被归结进所谓“文化解读”（reading the cultural）的计划（project）当中，这一计划旨在考察视觉艺术、文学领域之中个体性的意识形态构造：基于性别的凝视，被殖民的主体或者对差异的构造，是一贯的主题。像《耶鲁法国研究》（*Yale French Studies*）、《差异》（*Difference*）、《符号文本》（Semiotexte，这是名单中唯一的非学术出版物）、《银屏》（*Screen*）

和《十月》(*October*)成为会聚理论家、激进思想家和艺术家的知识论坛。如果说詹明信代表了一派，那么在以文学为主导的领域中，罗萨琳·克劳斯(Rosalind Krauss)则彻底修正了她老师的艺术理论，她抨击了格林伯格(Greenberg)的极端现代主义(high modernism)，并运用视觉艺术中结构性的同位并置来“解读”蒙德里安(Mondrian)的画作。[①] 斯皮瓦克(Spivak)受德里达启发的对马克思的批判以及对后殖民主义和隶属(subaltern)理论的引入，也是同样的情况。政治理论与文化理论中的性别研究领域，我们也能找到一批先行者，像朱丽叶·米歇尔(Juliette Michell)，她很早就涉及了拉康派理论；再有像肖珊娜·费尔曼(Shoshana Felman)在文学理论领域[②]；还有南茜·弗雷泽(Nancy Fraser)在社会理论领域[③]。朱迪斯·巴特勒(Judith Butler)对性别理论进行的后结构主义的、受德里达启发的和反本质主义的重估也可以划归入同一类话题与讨论[④]。史蒂芬·希思(Stephan Heath)在其《叙事空间》

---

① Rosalind E Krauss. The Optical Unconscious. MIT Press, Cambridge, Mass., 1993.

② [法] 朱丽叶·米歇尔(Juliette Michell)曾经编过一本文集，这本文集对雅克·拉康的性化(sexuation)理论给出过一种早期甚至过于早期的解读: *Feminine Sexuality. Jacques Lacan and the école freudienne*, W. W. Norton & Company 1985. For Shoshana Felman, see her Literature and Psychoanalysis: The Question of Reading otherwise, Volume No. 55/56. Yale French Studies, 1977.

③ Nancy Fraser. “Social movements vs. Disciplinary Bureaucracies”: The Discourses of Social Needs, volume 8. Center for Humanistic Studies, University of Minnesota, Minneapolis, Minn., 1987.

④ 参见 Judith Butler, *Gender Trouble, Feminism and the Subversion of Identity*. Routledge, London, 1990. 她对拉康理论的批判，尤具对拉康的美国式解读的特点，是美国学术圈知识生产不断加速的一个见证。

(*Narrative Space*) 中对中心透视法的精妙论述[1]，就在很大程度上受到了《电影笔记》(*Cahier du cinema*) 第二代作者譬如鲍德里 (Baudry) 和科莫利 (Comolli) 的影响，从某种意义上说，它是以克里斯蒂安·麦茨的符号学或劳拉·穆维 (Laura Mulvey) 开创性的《视觉快感与叙事电影》(*Visual Pleasure and Narrative Cinema*) 一文——该文广泛地(或许是流于宽泛了，她没有重新阅读拉康之后的弗洛伊德，尽管作者明显引用了拉康) 吸收了弗洛伊德，并在20世纪70年代早期将"男性凝视"(male gaze) 概念理论化[2]——为前提的。在某种意义上，这整个运动认为自己属于先锋派，通常与新左派近似或者至少是"进步"运动的一部分。总而言之，那些旨在把"自然"视角去自然化的诸多不同理论策略构成的布局已然存在了。对那些刻录在大众文化、恐怖电影、通俗小说的"文本"中的权力关系之离散结构的分析，对视觉艺术中"观众立场"的解构，这些都意味着对意识形态技术统治——它塑造了文化再现中意义生产的方式——的揭露。

在这个背景下，弗里德里克·詹明信的著作占据了一个独特的位置，这并不仅仅是由于他对大陆传统的解读的卓越品质，而且还应归功于他的马克思式的路径。一方面，他代表了在20世纪最后30年中符号学与后结构主义理论的结合，因而，他也代表了激进现代主义从欧洲大陆向美国

---

① *Narrative Space* in *Screen* (1976)17(3): 68—112.

② In *Screen* (1975), 16 (3): 6—18.

的持续迁移[1]，这堪与20世纪50年代——当纽约宣告自身为历史主体，并建立起它自己的极端现代主义议题——早期视觉艺术的变迁相比。另一方面，詹明信所处的环境不断地吸纳欧洲对通常被认为是与马克思主义相关的许多核心议题的“后现代主义”批判，这种吸纳即使不是政治的，也至少是理论的，而詹明信本人马克思主义的或马克思式的立场在这样一个环境中也变得举步维艰。我们之后将要处理的“总体性”这个概念，就属于上述被攻击、批判的议题之一。这一新取向是伴随着20世纪70年代激进社会政治运动的失败发展起来的。这一失败可以在大量地缘政治情势中方便地找出实例来：在法国，1968年五月运动、法国新左派（New French Left)、毛主义的联合体、萨特还有譬如情境主义者这样的派别，一度支配了知识话语(这里也有如今已被淡忘的那些人，譬如居伊·劳德洛(Guy Lardreau)，却又戛然而止，继而登场的则是那些所谓“新哲学家”，这些人转向了一种新的、自由主义方向。新的德国左派——主要也是一场学生运动——也走进了死胡同，其标志就是与像RAF（Rote Armee Fraktion，红军旅——译者注）这样的组织开始更多地使用暴力策略。从某种意义上说，维姆·文德斯的柏林就是关于上述那一系列事件之终结的失败主义者的档案。意大利行动主义(operaista）运动的命运也循着同样的逻辑，尽管它的理论创新直到很晚近的时候才影响到外部世界。福柯立场在20

---

① 即使是这样，皮尔斯（Charles S. Pierce）还是很早就对诸如拉康这样的思想家产生过影响，见拉康在1961—1962年关于认同（identification）的研讨班。

世纪70年代晚期的转变，还有利奥塔的《后现代状况》都是从集体解放政治中跳转出来的活生生的例子。但这些政治状况与美国大学中的情势却不一样。发生在大陆的这种转变在美国也是在同样的“进步主义的”或者说“批判的”环境下被接受的（这或许可以部分地解释为什么在相当长的一段时间里，像德勒兹或巴迪欧这样更为激进的思想家相对来说仍然算是无人问津的问题）。因而，詹明信所坚持的马克思主义——它既不是像《每月评论》所支持的那种马克思主义，也不是与拉康和阿尔都塞相敌对的那种马克思主义——仍然是一种策略性的例外。这就解释了一个有趣的细节，即詹明信很少与他同世代的同事展开辩论。[①]

更为重要的是，我们进一步来看上述这种发展，就能发现概念装置的这种跨大西洋迁移的独特性。从相反的视角来看，美国为许多欧洲的知识环境代表了一种未来。譬如对于利奥塔来说，他所设想的“真实的”未来就已经在美国开始了。这就使得这种跨大西洋交流在某种意义上变得更吸引人了，就像不同时间性（temporalities）的相遇。欧洲思想家作为某种未来的真理出场，这种未来实际上却在其他的地方出现。后现代状况，还有让·鲍德里亚（Jean Baudrilard）相对来说理论创新性更少的著作，他们的风格都是未来主义的，而他们脑海中那未来已然展开了的想象

---

① 有一些例外还是应当提一提的。譬如说，他对围绕着“身体”的理论话语的批判。见他的“The End of Temporality”, Critical Inquiry, 29（Summer 2003）, The Chicago University Press。

大陆——不论是否是反乌托邦的——就是美国。那些实证的例子、后现代的物质化如果不是在美国，又会在哪儿呢？是在普鲁蒂—埃戈（Pruitt-Igoe）住宅区还是罗伯特·文图里（Robert Venturi）的建筑？

就这一方面来说，弗里德里克·詹明信的著作揭露了一个独特的时刻，在这一时刻，一种从历史上看更为久远的知识联系被制度性地归纳了（比较文学与哲学相对立，且令人瞩目地保持着“美国”性），而几乎同时这种联系也走到了它的最后阶段：跨大西洋联系的瓦解，而这种联系是由美国人对来自旧大陆的理论的接纳所定义的[①]。美国不再是想象的大陆（imaginary continent），不再是法、德思想家积极反思的对象，这两种地缘政治立场，虽有区别，却同等地受控于新自由主义意识形态，它们开始撤退到它们国家的特殊视域之中。

对于詹明信思想时至今日仍然坚持的这一例外立场的挑战，可能更多地是其与新形势的对峙，这一点在关于他对第三世界文学的观点的争论中是非常明显的[②]。

2. 从解释到历史

符号学与后符号学框架的独特特征之一就是强调——出于认识论的动机——一个作为可解读的文本的历史叙事

---

① 可能没有什么能比近年来被打上“法国理论”标签的那些东西更能揭示这种转变的意义了，而所谓“法国理论”其内涵或许可以总结为这么一句话“红的就是时髦的”（red is chic），最好再带点法语腔。

② 参见［美］弗里德里克·詹明信（Fredric Jameson）的“Third World Literature in the Era of Multinational Capital”，Social Text，1986，65－88；［印度］阿吉兹·阿罕默德（Aijaz Ahmad）对詹明信的文章的重要批判见“Jameson's rhetoric of Otherness and the ‘national Allegory’”，Social Text，17，1987。

结构。詹明信关于文学解释的经典之作《政治无意识》(*The Political Unconscious*)在把握住历史的二律背反的同时，也没有丢掉作为文本的历史性（historicity）这样一个前提。他的统一的理论由下列两种并行的路线展开：首先，列维—施特劳斯与巴尔特，结构性组合在一个更为宽泛的解释学传统中被讨论，一种意义生产的系统在这里被勾勒出来；其次，上述系统的基本元素，符号学符码（能指与解释行动之间的有限关系）服从于一种社会性的再语境化(re-contextualization)。将上述两条路线连在一起的联结点就建基于模式（model）与语境（context）的二分之上，它构成如下两套关键术语的交互影响：来自雅克·拉康的“实在”(real)，以及阿尔都塞主义意识形态理论之中对因果性的批判。正是这种联结造就了向辩证唯物主义的回归，现在它自身被描述为这样一种模式，它揭露了文学文本中的“意识形态闭锁”(Ideological closure)，它是解释的政治时刻。“意识形态闭锁”包裹了一系列与社会张力相连、且沿时间轴展开的文学装置。然后，这一时间序列——文本中的闭锁就在此期间“发生”（take place）——就被等同为故事（story/récit）的历史化。

（1）结构性的方阵（Structural Square）

这一讨论自然应当被视作是与如下这种研究路径的流行相对立的，这种路径的特征是，发展理论工具以揭示某个看似随机的数据集合的结构，而不诉诸寓言性的解读。它被随便地称作结构主义。格雷马斯（Greimas）更为雄心勃勃的结构主义方案就是对意义—效果的研究，在他那里，意义—效果就是由作为结构性符码系统的文学文本产生的[①]。结构语言学中的四轴，聚合（paradigmatic）轴、组合（syntagmatic）轴、共时（synchronic）轴和历时（diachronic）轴，为因果关系的表述提供了新的模式，以区别于那种线性的或机械的因果概念。[②] 这为路易斯·阿尔都塞20世纪60年代对他称之为"黑格尔的表现因果论"的东西进行批判提供了背景[③]。在《读〈资本论〉》中，阿尔都塞将表现因果论视作历史唯心主义的运作核心，并称其为黑格尔主义[④]。

在《政治无意识》中，对于弗雷德里克·詹明信来说，结构是与历史相伴的。这就是为什么这两者（结构与历史）都被设想作是在对文学文本进行解读的总体化行动中必要的中介环节。在《语言的牢笼》中，他已经表述了相似的策略——就是在他评论路易斯·阿尔都塞对作为话语的历史和作为对象的历史所做的区分时——他这样写道：

> 因为，在这一点上，历史似乎已经变得如此确信其自身的历史性本质——它超越了其作为历史的自身，

---

① A. J. Greimas. *Sémantique structurale*. Paris，Larousse，1966.

② 在《语言的牢笼》（*Prison-house of Language*）中，詹明信对结构语言学展开了批判性的考察，这其中就包含对逻辑中心主义的批评，这种批评多少受到了德里达的影响。

③ 进一步的讨论请参见我的《历史与投射》一文。

④ 齐泽克在其《与否定一同停留》（*Tarrying with the Negative*）一书中主张黑格尔是会赞同阿尔都塞对表现因果性的批评的。见《与否定一同停留》，第139—141页。尽管齐泽克"黑格尔在阿尔都塞未出现之前就阅读了阿尔都塞"这种解读路径很聪明，但这场讨论在今天似乎已经过时了，至少当人们认识到，特殊文化表述，作为不同的符码，它们的循环就是表现因果性的物质化的时候，这一点就更清楚了。见我的"The World Is-Our Picket line"，Undercurrents 06，Goteborg Art Museum，2006。

突然变成了一种非—历史类型的知识的对象。[①]

尽管具有吸收解释和历史的野心，结构主义的模型还是将历史还原成了一系列突变，这些突变和别的叙事结构一样被编码，因此也向符号学的解码开放。如果说詹明信在《政治无意识》中引入了拉康的“实在”概念，它的主要作用就是指出这样一种“历史性”（historicity），这种历史性不是又一个被编码的系统，不是那有待被无穷无尽地进行后现代再—编码的众多系统中的一个。

另一方面，在教条主义的马克思主义解释中，一个文学文本（事实上是任何现象，就其归属于上层建筑而言）仅仅是底层的、“本质性的”现实的表现。解释性行动就等同于寓意层面的揭示，并以“表现”为其组织原则。[②]

面对这样的困境——要么把历史溶解进叙事，要么诉诸历史主义的观念论——詹明信似乎选择了一种本体论的辩证法。接着，这一困境本身并不是来自方法论，它是内在于对象自身的。[③] 一种坚定的但还没有展现多少细节的辩证法。就此而言，詹明信更接近于科耶夫对黑格尔的解读：

---

① Friedlit Jameson, *The Prison-house of language*, 1972, 190.

② 在巴黎高师中的年轻一代中，以及以泰凯尔为中心的小圈子［［法］勒让德（Legendre）、拉德罗（Lardreau）、杨贝（Jambet）、高克斯（Goux）等］之中，曾经重新燃起过对中世纪传统的兴趣，而詹明信在《政治无意识》中对圣经解释学传统中四层次说的发展，很大程度上也是受这种兴趣的启发。在詹明信这里，直接来源就是约瑟夫·高克斯（Joseph Goux）的《古币学》（*Numismatiques*），它在詹明信早期的著作《语言的牢笼》第180至181页中已经被评述过。

③ *The Political Unconscious*, p. 34.

辩证法并不能概括为某一特定的方法论，它并不是思想的逻辑，而是物的世界本身，存在本身就是辩证的。[1] 这一点我们并不打算详细讨论了，只需指出一点：这一本体论的辩证法也有一段特殊的苏联历史，它与19世纪德国自然哲学传统更接近。

詹明信对术语的辩证颠倒，将矛盾从方法论与认识论的层面重新置入对象之中，而这意味着，表现因果性和寓言（基本上就是它为表现因果性提供了内容）都不是必须被完全丢掉的，如果它们局部的（local）与客体相关的运作性（operationality）被考虑在内的话。在一部小说或一件文化作品之中存在可以被恰当地认作寓言的局部环节，但这种寓言的揭示与辩证马克思主义的分析并不是一回事。后者旨在确定文本中的意识形态运作，它的政治功能。

詹明信进而可以重新改造寓言，乃至更基本的结构性矩阵，并结束于一个完全不同的计划（project）：意识形态分析。因此，结构就变成了一个图示性的模式，它揭示了一个刻录于既定文本/再现中的意识形态闭锁。这就是说，詹明信在《政治无意识》中的理论的一个独创的构件是它对于给批判设定目标的临界极限的讨论。因为任何一种旨在揭示出一个再现（representation）在某一形式层面上的意识形态闭锁的解释性行动——就其忠实于一种马克思主义

---

① 参见 Kojève，*Introduction to the Reading of Hegel*，Basic Books，1969，Chapter One。詹明信最近这些年对黑格尔的新解读以及他对于科耶夫越来越具有批判性的立场，都表明詹明信对其早期著作中的核心论证保持了明确的距离。譬如其《黑格尔的变奏》（*Hegel Variations*）。

方法论而言——也都将包括一个肯定性的时刻。对于詹明信来说，这个肯定性的时刻就是存在于再现之中的乌托邦冲动。

之后我们会回到关于乌托邦的讨论上，不过当下最不容忽视的是，詹明信将这种乌托邦冲动安置在了文本之意识形态闭锁的反面。辩证的时刻就是那些构成一个意识形态闭锁之幻象的诸形象，现在都呈现为与叙事相分离的行动者，它们并不仅仅是遮掩某种决定性历史矛盾，而且同时指明了詹明信称之为"集体性统一体"（collective unity）的东西的所在[①]。

在《政治无意识》中，他写道："……在最强的意义上，所有意识形态——包括统治阶级意识的最特定的形式和同样多的属于对立或被压迫阶级的形式——在其本质上都是乌托邦的。"[②] 今天这仍然是一个很有效的解释性论据。就他们都寓指一种只能在无阶级社会中实现的集体性而言，他们都是乌托邦。相反，用一种更黑格尔式的术语说，詹明信在这里所争论的是，所有意识形态闭锁的真理是对一个集体性乌托邦的可能性的排除。这条论纲的解释性价值就在于这样的一个事实，它精确地介入此前人们只在其中寻找所谓道德、或规范性目的的那个理论战场。

这样一种研究文学文本的形式闭锁的路径也将文本闭锁概念中的二分相对化了，这种二分曾经是20世纪60年代末关于解释问题的讨论的标志性特征（尤其是芭芭拉·荷

① Fredric Jameson, *The Political Unconscious*, 1983, 291.

② Ibid., 289.

尔斯坦因·斯密（Barbara Hernstein Smith）的《诗的闭锁》（*Poetical closure*）[①]。通过将文本闭锁的功能规定为意识形态性的，它成了另一个运作于"再现"的内在矛盾之上的中介环节。更为重要的是，这场争论将雅克·德里达和美国解构主义者也包括在内了。事实上在《论文字学》和《书写与延异》之中，德里达是反对文本中存在闭锁的可能性的，并从中得出了一个更庆幸的结论：文本的内在性事实上使所谓"最终的分析"的宣告破产了。因此，即使从"文本的"闭锁向"意识形态的"闭锁之间的转变看上去可能性是很小的，但它可以说是对于一场争论的介入，在这里，文学生产是封闭的还是开放的、它是与世界还是与许多次文本相关，都表现为一种关键性的对立，正如《政治无意识》中的如下这些话所证明的：

> 符号学分析运作的有效性——尤其是在格雷马斯的符号学矩阵那里——正如那里所暗示的一样——并不是来自于它之于自然或存在的充分性（adequacy），甚至也不是来自于它图绘所有思维形式与语言的能力，毋宁说是来自于它塑造意识形态闭锁以及链接（articulate）二元对立（binary oppositions）的活动的使命［这里的对立就是我们称之为二律背反（antinomy）的特殊形式］。然而，对这些符号学的发现的一种辩证重估就涉及这样的环节，在这里意识形态闭锁的整个体

① Barbara Herrnstein Smith, *Poetic closure*: *a study of how poems end*. University of Chicago Press, Chicago, 1968.

> 系被当作某种相当不同的东西——即社会矛盾——的症候性投射（projection）。[①]

因而，詹明信的本体论运动就意味着将文本的内在逻辑归为对文本外（extra-textual）的社会矛盾多少有些失败了的回应。社会矛盾与文本的结构性组织之间的这个关系界定了詹明信所说的“社会象征行动”。它们隐含、寓指社会矛盾，或简言之就是将社会矛盾铭刻上或铭刻进一个合乎情理的场域（register）。

这使得我们进一步接触到詹明信归之于政治分析的作用，这是解释过程的最后层次：

> 对政治无意识的主张要求我们从事一种最终分析，并探索众多的路径——它们将能够揭穿那些作为社会象征活动的文化制品的面具。[②]

象征行动发生并运作于文本之内。在詹明信那里，行动概念似乎完全就是叙事的一部分。我们之后还会回到这一点，但是现在有必要更为细致地检验詹明信对寓言和表现因果性的辩证处理。

第一个问题是，詹明信对“模式 vs 对象”这一对子的辩证颠倒是否就是在不断地回应阿尔都塞对表现因果性的批判性评论。阿尔都塞的批评的核心是，就其定义而言，

① Fredric Janeson, *The Political Unconscious*, 1983, 83.

② Ibid., 20.

表现因果性（或者任何线性解释的因果性）缺乏一种内在的边界，它成了它本该加以解释的那个对象的代用品。詹明信对现实对象与研究对象之间的阿尔都塞式区分的颠覆和移除，这一本体论运动仍然没有解决关于“局部有效性”（local validity）之边界的问题。将“文本”概念直观地理解为一个离散的单元，这不仅仅是不充分的，而且正如我们数十年来围绕着文本间性、次文本之类的概念的讨论所表明的，上述离散性的自明性本身不过是一种意识形态功能而已。

就这一点而言，人们或许能够看出另一自相矛盾之处。詹明信试图规定解释行为的边界的尝试是由一种分层模式构成的，这与罗素解决集合论悖论的方法没什么不同，换句话说，历史成了与寓言相关的一个元层次（meta-level）。可是这种元层次解决办法——在詹明信这里是从神学那里借用过来的四层次的解释学——与一种适合的解决方法还是相去甚远。它仅仅是把问题——寓言性解读所固有的发散性特征——重新安置在了另一个层次上，因为，四层次的解释学可以成为一个四层次的分层，是由于一个外在于解释行动的、受神学激发的决断，否则的话，就没有什么东西阻止元层次的无限累叠了。

在詹明信的理论之中，对寓言形象及其运作的一种内在限制仍然是需要的，而引入拉康的“实在”概念作为局部解释的界限的管控者就满足了这种需要。在他关于阿尔都塞之批评的讨论中，詹明信写道：

> 对表现因果性的功能的这一分析提供了对阿尔都塞关于历史的反目的论公式（既非一个主体，也非一种目的）的暂时性规定，它基于拉康的“实在”概念——实在“彻底抗拒象征化”——以及斯宾诺莎关于“缺席的原因”的概念。[①]

在这里我们不会去处理关于斯宾诺莎的缺席的原因的讨论。相反，更相关的是对如何理解如下问题：“实在”，这个出自拉康式理论的术语，当然还有另外两个概念，幻象（phantasm）和欲望（desire），是如何在同一本书中被詹明信用于分析资产阶级小说（巴尔扎克）中的现实主义的意识形态功能。[②]

詹明信的核心公式——它规定了解释时刻的位置性，这一解释时刻要么被组织进一个解释学的分层模式中，要么被组织进一套装置（认识论因果性、修辞装置的类型）中——可以化约为一句格言：“实在就是历史。”[③] 这就是詹明信将之称为“马克思主义解释”中的“先验所指”的东西[④]。

（2）历史与“实在”（History and the Real）

实在（the real）在詹明信的理论中扮演着解释行动与历史之间的中介角色；这一论点的重要性可以通过两个枢

① Fredric Janeson, *The Political Unconscious*, 1983, 34 - 35.

② Ibid., 180.

③ *Ideologies of Theories*, University of Minnesota Press, Minneapolis, 1988, 77 - 125.

④ *Marxism and Historicism*, New Literary History, Vol. 11, No. 1, Autumn, 1979, 41 - 73.

组性的话题得到说明。

首先正如我们之前所说，应当从“历史”含义的双重性来理解它：历史既是故事也是历史性变化，是话语也是事件，是叙述也是创伤。更进一步说，历史对詹明信而言也是解释行动之中政治性环节的所在地，正是这一点将马克思主义的解释路径同其他路径区分开。在《政治无意识》中，詹明信这样说：

> 必然性不是一种内容，而是事件的一种不可抗拒(inexorable)的形式；因此在这里我们讨论的是一种从广义上理解的叙事性政治无意识中的“叙事性范畴”，它是对历史的再文本化(re-textualization)，它不把历史当作某种新内容，新的再现或“视像”(vision)，而是当作阿尔都塞(继斯宾诺莎之后)称之为“缺席的原因”(absent cause)的形式效果(formal effects)。从这个角度说，历史是那刺痛的东西(History is what hurts)，它回绝欲望，并给个人和集体实践划出不可抗拒(inexorable)的界限，它的“狡计”(ruses)变成了对他们公开的意图的严厉且讽刺性的反转。然而这种历史只能通过它的效果而不是某些具体化的力量被理解；正是在这一终极的意义上，历史作为基础和不可超越的视域才不需要任何特定的理论性确证：可以确信的是，无论我们自己多么希望无视历史，它那异

己的必然性都不会忘记我们。[1]

换句话说（正如拉康那句著名的话所说），实在总是回到同一个地方。在以上这一段落中，张力正位于事件及其解释之间，而在更早先的另一处文本中，詹明信更明确地表达说：

> 对此可以充分地说：历史不应当说是个文本，而更像是一个有待被建构/重构的文本……至于语言，我们必须区分我们自己对历史的叙事——无论是精神分析性的还是政治性的——与“实在”本身；我们的叙述只能渐进性地接近它，它“彻底抗拒象征化”。[2]

然而，这种被与实在等同的历史将造成一系列理论困难。第一个便是，“实在”在拉康的意义上与给定的构造（configuration）（比如说分析者在分析情境中说出的话语）中的一贯性（consistency）相对应。实在指的是一种根本的不可通约性，它标明了言说者与那被认为在整个话语中从头至尾支撑着他的那个东西之间的关系。[3] 更进一步说（这也正是拉康式的辩证法），正是这一不可通约性确保了象征界的一贯性；在此意义上，它是一个分离性的连接（disjunctive conjunction）。精神分析理论中这一不可通约性的模

---

① Fredric Janeson, *The Political Unconscious*, 1983, 102.

② Fredric Janeson, *Ideologies of Theories*, 1988, 110.

③ 参见 Lacan 的 R. S. I. , Séminaire 1974—1975，未出版。

型可以在拉康所说的“非性关系”（non-rapport sexuel）中找到，即从作为异质性的基础的“二”中产生“一”的不可能性。[1] 拉康的实在是那彻底排斥再现的东西，它不只是这一再现的内在界限，也和必然性不是一回事。

现在如果我们应用这一实在概念并将詹明信原本的意图（即试图找到一个超越历史的模糊性的统一理论）激进化，那么与詹明信的表述不同的是，历史并非实在，而应当说实在是历史的真理（the real is the truth of history）。作为历史的真理的实在正是马克思所说的阶级斗争。如果我们像詹明信那样将实在与历史本身等同，作为叙述性的界限，以避免后现代主义那种认为历史是马克思主义的第一叙述（proto-narrative）的观点，我们便可能遭遇另一个更严肃的困境，即历史的去政治化（de-politicization）；因为如果这样的话，历史就会倒退为讲故事的活动，讲故事是对历史的最低程度的限定。或许这个故事弥漫着与实在的新的遭遇，但这种叙事化了的历史序列将不再是政治性的——因为游戏已经结束，骰子已被掷出，剩下的只是一种内在的、去政治化了的必然性，是詹明信所说的那个不停地回归（returns）且刺痛的东西。[2] 试图保持历史的模糊性的辩证法将沦为一种宏大叙事，它总是囊括了它自身的界限（即使这一界限是已经发生了的）。在这种意义上，历

---

① Jacques Lacan Le *séminaire*, *livre XX*, *Encore*. éd. du Seuil, Paris, 1975.

② 在这里，如果将詹明信的立场与当代主体主义者和想象创伤理论关联起来的话，是很不公平的。后者强调，身体就像一个大口袋，一个花瓶，像象征域的想象化，它完全主导着第一世界中产阶级那破败的个体性及其虚拟的对话者、“他者”。

史与作为决断的政治是不相容的——政治决断是在某一情境中选择立场，它不仅改变了该情境，还彻底改变了主体在该情境中所处的位置。

与拉康和马克思不同的是，这一主体在詹明信那里始终是非操作性的（non-operational）；而且这一明显的缺失并非由于文学理论的学术规范及其研究对象的限制。在拉康那里，主体是个不可或缺的范畴，当然这一主体不同于任何一种天真的心灵哲学，它既不是个体的也不是集体的，而是对（语言）行动之偶然性的假定，一个无意识的主体。历史的主体按其定义便分裂为两个；在对抗性的情境中，任何一种立场的选择都是对存在的完整性这种想法的放弃。正是在这种意义上，实在将象征化的努力的界限与这一象征性社会行动的真理（无论它是什么）连接了起来。

更进一步说，正如我们刚刚解释的，詹明信将实在当作历史的做法暗含着一种话语的（discursive）行动，它必然发生在历史之后。这种迟来性将理论安置在事实之后，而且不知不觉地把理论视作同历史性相分离的、更高的反思，是一种展示（exposé）；概括说来，这是一种哲学性的视角而不是以实践为导向的理论。主体，以及导向主体性时刻的理论，在其前提中便预期（anticipates）了事件；在这个意义上，理论中安放着一种被预期的确定性，它来的要么太晚要么太早——它总是无法成为话语中的真理的例证。一个文本可以被视为一系列这样的预期性时刻。

最后一点是，如果像詹明信那样把历史与实在等同，又保持历史是政治性的这一前提的话，便会矛盾地暗含着这一历史性的终结。如果历史一方面是解释行动中的政治性时刻，一方面又是降临到这一话语之中（happens to）的不可再现性的回归的话，那么这两个环节，即政治性的（发生的变化、结束一个序列的决定）以及它的来临本身就都是历史所产生的；但这样的历史难道不是那宣称自身到来的意志（Will）的另一个名称吗？——这样一个意志虽然始终是未知的，却显然要按照其内在的必然性重现；这种东西要么是自然（Nature），要么（这两个是一回事）是认识自身的意识——自在自为的自我意识，即黑格尔的主体—存在（subject-Being），因此它也就不需要言说。这样的主体—历史从一切历史性中抽身而出，坠入了沉默的深渊。

在某种程度上，这种矛盾性正是引申自詹明信本人的立场，即认为一切都是叙事[①]。我们稍后还会继续讨论这一点，现在只需要指出，这一表述形式的问题在于，“叙事”这一词（在其理论传统中）最终变成了一个过于庞大的范畴，这样它就将它自身的否定也作为另一种叙述包含在其中：一种沉默的喋喋不休。

3. 解放与历史

在《政治无意识》的书写中，“实在是历史”这一命题是出于对几个强有力的对手的反驳而提出的，它们是教条的历史主义与符号学的非历史性。在他之后的作品《辩证法的价态》（*Valences of Dialectic*）中，詹明信的讨论是沿着

① “我是足够后现代的，所以有勇气捍卫这样一个命题：一切都是叙事。”詹明信：《辩证法的价态》，第 484 页。

一条不大相同的方向进行的。尽管没有明文指出，他这本书的出发点是试图将空间时间化，换句话说，是要反击后现代主义话语中主导的空间性修辞。历史与实在的等同招致了许多反驳意见，而并不奇怪的是，正是当詹明信试图克服这些反驳时，他的写作意图反而明确地凸显出了他本人理论的问题，即叙述的优先性。我们将注意到，詹明信式马克思主义的结构性限制、那一使詹明信在《辩证法的价态》关于历史的整个章节中与其展开斗争的限制，并非叙事性的东西的界限（the limites of the narrative），而是叙事本身的界限（the limits of narration itself）。这就像我们从康德的第一批判走向判断力批判那样。然而与康德的建筑术（architectonic）不同，詹明信一路上向我们展示了对当下历史情境的无瑕疵且中肯的观察，且谨慎地将之嵌入不规则的参照系中；他的文本的策略可以说是一种集装（assemblage）或者用詹明信自己的话说，是一种对诸多平行的微观叙述的拼贴，它们全部被编织进一种欢快地流动着、且不拘一格（eclectic）（这使人想起19世纪的无产阶级小说）的文风中。而最终当读者开始怀疑这是某种无指挥的、在观念的泉水中欢快地翻查时，一个夺目的想象，一种无疑是黑格尔式的谋略避免了我们的论题（历史性时间）被遗忘；事实上历史性时间是这本书最后一章要处理的问题。

让我们整理一下詹明信关于“历史性时间”主要的论点。他的观察从对保罗·利科（Paul Ricoeur）的阅读出发，他从利科那里选取了一个三重的解释学（tripartite hermeneutics）并重新解读了它。利科肯定不是来自同一个阵营的，至少不是像阿尔都塞、拉康那样属于那个在美国被称为后结构主义者思想家的阵营。但对我们来说更重要的是，对利科的讨论似乎是一种措置的一部分，它首先包含了客观时间（亚里士多德）和主观时间（奥古斯丁）这一对基本的矛盾；而叙事化了的时间性是先行于这一矛盾的框架。因此，这一章节引用到的一系列截然不同的、从哲学到文学的参考，实际上是在讲一个关于叙事化及其前提、过程、还有它的现象学上的死胡同的故事。而在这个故事中，历史始终被固定在那个矛盾的框架中；这个框架支撑着整个故事，但并非是作为一个明显的、被预设的基础，而是作为一个不稳固的、成问题的、追赶着故事的疑问：历史性时间是什么？

接下来，通过一系列哲学定义，时间的概念被总结出来。时间—运动、时间—质、时间—空间是某些思想的形态（figures）和修辞，詹明信认为是这些形态的交叉（intersection）引出了时间的第一个定义[①]。

这一路径（一种扩展了的寓言理论）为詹明信提供了一种对于客观时间和主观时间之间矛盾的解决[②]。历史性时间是：

---

① “……形态本身就是（时间的）许多不可通约的再现之间的交叉。”参见《辩证法的价态》，第497页。

② 詹明信多少是在指涉《存在与时间》中的海德格尔，参见《辩证法的价态》，第502页。

> 时间与历史本身的显象所依赖的，并非这些轨迹的多样性，而是它们对彼此的干扰（interference），是对交叉的干预，这些交叉现在被理解为是不和谐、不可通约的，而不是某种能强化这些轨迹的联结（conjuncture），后者是通过某种和谐的相遇与结合的中央地带，以综合的方式进行的。①

这一否定性的“交叉”标志着历史性时间的诞生；因为在这里客观时间被主观化了，于是时间就显现（appears）为个体的亲身经历②。

显象（appearance）、去表现（Phainesthai）从柏拉图（如《智者篇》）那里开始就是个复杂的术语，在他的德国后继者那里，显现（Schein）和显象（Erscheinung）也是康德的第一和第三批判里关键的转折点，同时它对于马克思整部资本论而言也是十分关键的。③ 将显象引入讨论的做法使历史性时间向存在性时间（existential time）过渡，同时就像詹明信所说的那样，使主体性的概念在“与历史的相遇”中萌生。接下来，“我”的问题，也就是主体，由于其

① Fredric Jameson, *Valences of Dialectic*, 2009, p. 543.

② “的确，也正是在交叉的时刻中，时间突然向个体显现为一种存在性的或现象学的经验（或者，如果你喜欢的话，也可以显现为对这种私人经验的激进干预，显现为从外部打入这种私人经验中的东西，使它变得不堪一击，变成来自它自身之外的某些不可思议的力量的玩物）。在更宽泛的意义上，这样一个时刻是由多种力量和维度的交叉构成的，这些力量与维度使得历史本身呈现到我们面前，这是突然冒出来的可能性的时刻，是意想不到的自由的时刻，是革命的时刻，也是被打垮的时刻，是消沉绝望的时刻。” Ibid.，544。

③ 《资本论》第一卷之中也使用了“显象的形式”。在《辩证法的价态》前面某章中，詹明信也谈到了这一点。《资本论》第三卷资本循环之中的地租与利润的区分那里，显现（Schein）和显象（Erscheinung）也相继出现了。

对历史进程的参与而成为至关重要的;这一参与表现为“在叙事中主体的必然的投入(investment)”。

这一主体性参与或者说阵营选择(毫无疑问一种政治表达),于是就被置入叙事性结构中,而这一结构是历史和虚构共有的。[①] 这里我们不再能看到弗雷德里克·詹明信早先那种试图将历史与真实等同的意图,取而代之的是,这一等同的不可避免性的原因在《辩证法的价态》中变得更加清晰:这里有两个同步的理论目标,一方面是要保持政治性,一方面是要从叙事结构的制高点(vantage point)观察历史的战略性选择。弗雷德里克·詹明信实际上已经在一个不同的层面上选择了自己的阵营。历史的二价性(bivalence)即讲故事与事件性(eventfulness),若从叙事的角度看都只是历史的不同用法(usages)。

接下来,两种历史性的模式(它们将主体框进历史中)被简要地提出了;前者是体系性的,是限制的总体,即生产方式,后者是事件,弗雷德里克·詹明信将它视为一个统一(unification),它同时也将条件的多样性总体化:“一个不能被直接理解为对象的不可逆的关系性维度,它就像海德格尔的存在一样,作为超越性的东西从众多性(multiplicity)的背后浮现出来。”[②] 这几行必定是在总结“辩证法的二价性”的整体思路,同时它也是弗雷德里克·詹明信辩证地突然转向(peripeteia)最后被称作“作为解放的历

① “历史与虚构所共享的叙事新视角。”参见 Fredric Jameson, *Valences of Dialectic*, 2009, 565。

② Ibid., 603.

史”的东西的政治性指导原则。既不是解放的历史性维度，也不是历史性的解放，而是作为解放的历史，这一说法能激起人们不少的想法。如果将这一点与“历史作为刺痛的东西”、作为实在本身联系起来的话，它便与海德格尔式的“向死而生”格外相似，而不像是某种愉快的、巴赫金式的游戏的人（homo ludens）狂欢式的联合（后者弗雷德里克·詹明信在这本书的最后几页中有所提及，他将之同一种无未来的、饱和了的现在并置）。

然而在弗雷德里克·詹明信的文本中，作为解放的历史是犹豫的，它会在某个特定的地方停下脚步：解放与其革命形式相分离，并被乌托邦的非—地点和非—时间取代：“乌托邦是对我们的体系已取得的那种彻底实现的绝对者的绝对否定，不能把它视为存在于我们前面的历史性时间之中的、进化的、或者说是革命的可能性。”[①] 这种被引进图像的想象的不可能性与这本书最后一节开头处那种欢乐的喜剧效果截然相反：“来自另一个世界的巴洛克式的阳光瞬间闯入了它。”这一图像本可能是一个愉快的“对再现自身的批判”[②] ——如果这句话是从菲利普·K. 迪克（Philip K. Dick）的 VALIS 中引用来的话——但实际上它描绘的是崇高的光束刺穿无法想象的未来中的想象图景，即乌托邦。正如詹明信在另外一个地方主张的，乌托邦的作用“并不

① “历史与虚构所共享的叙事新视角。”见 Fredric Jameson, *Valences of Dialectic*, 2009, 612。

② 这一表述是从詹明信 1982 年为菲利普·K. 迪克所写的讣告中摘引出来的，重印于《未来考古学》(*Archeologies of the Future*, Verso, 2005)。

在于帮助我们想象一个更好的未来，而在于显示我们无法想象这样一种未来的无力——显示我们被囚禁在一个既无历史性也无未来的、非乌托邦的当下——为了揭示我们受困和受限于其中的体系的意识形态性闭锁”①。

这一论证与恩斯特·布洛赫（Ernst Bloch）和阿多诺在一次对话中主张的“错误自身便是真理”（Falsum index sui verum）遥相呼应。② 然而从更深的层次上说，这两个主张的基本结构（即想象性能力与概念体系的不调和）都应归于康德的崇高概念。詹明信对乌托邦的理解的原创性是通过将崇高与康德的合目的性连接成短路（short-circuiting）实现的。对再现的批判就成了时间与历史的辩证法的终点，且历史就其解放能力而言，是合目的性与想象的过剩（excess of imagination）的完美结合。

这些来自另一个世界的光芒无疑会在一种世俗的、辩证性的反转环节中被理解，这是对阿多诺一句格言的肯定，正如詹明信在另一个地方所引用的：“温柔只存在于最粗鄙的要求中：不会有人再挨饿了。”③

然而这一被想象的不可想象性，就其依赖于合目的性的观念而言，并不直接解释这种想象在再现中是如何可能的或者更激进地说，如果不可想象物就内在于一个给定的

---

① Fredric Janeson, *The Politics of Utopia*, NLR, 25, Jan. -Feb. 2004, p. 46.

② “Something's Missing: A Conversation between Ernst Bloch and Theodor Adorno on the Contradictions of Utopian Longing” (1964), in *The Utopian Function of Art and Literature: Selected Essays*, by Ernst Bloch, translated by J. Zipes and F. Mecklenburg, Cambridge, MA; London: The MIT Press, 1988), pp. 1 - 17.

③ Adorno, *Minima Moralia*, quoted in ibid, p. 51.

系统中，那么该系统中再现（representation）、表象（appearance）如何保持自身的一贯性？

4. 未来的遗迹

我们已经说过，詹明信理论最终的局限性就是叙事本身，这一评论还可以进一步澄清：詹明信试图建立并捍卫马克思意义上的历史（历史作为阶级斗争）的优先性的这一意图，不断地且不可逆地被叙事的优先性所限制和改写着。在弗雷德里克·詹明信那里，叙事与历史之间成问题的关系是被放在历史哲学的框架中讨论的，而马克思却没有发展出所谓的历史哲学，而只有历史的理论，它关注的不是叙事而是叙事行动的可能性条件本身。这一理论是政治性表达（political articulation）的一部分，这种表达从共产主义的地平线出发，从这一有利位置看到的资本主义生产力的全部先进性都只表现为未来的遗迹。

文学虚构的叙事结构、再现性体制（representational regimes），所有这些名称都有一个基本前提：如果在结构的差异性组合之外还有什么东西，它也只是另一差异，它还未被回收（recuperated），但迟早要被吸纳回来。从这个角度看，唯一可设想的历史性只能是威胁性的，它迫近着、等待着语言的崩塌。

马克思的历史理论讲的是关系的历史、那些塑造着世界的关系的历史。对于解释的凝视而言这个世界，可能是叙事性的也可能是话语性（discursive）的形式，但在这种处理方式之下的历史概念既不是政治的也不是马克思主义的；这不过是因为马克思提出的问题是另一个层次上的：“人有历史，是因为他们必须生产自己的生活。”(《德意志意识形态》)让我先澄清一下那些不合理的却又相当常见的误解。再现性系统的核心并不是作为创伤性重复的实在，而不过是这一系统所压抑的东西，无论这一再现性的或者叙事性的系统被编码得多么仔细（资本主义世界是其中最精细、最有侵犯性的编码模式之一）。这些固着的符号之网无法阻拦对象物（object）那无法被回收（irrecuperable）的呢喃——它被再现系统自身表现为失落的对象（a lost object），但与此同时它也是先于差异的客体性（objectivity），被锚定在一个非差异性（indifferent）的众多性之网中。因此拉康的实在才有别于重复（后者属于享乐、快感的领域）[①]。

对这种观点可能有两种反驳。首先，读者可能提醒说，詹明信所研究的范围是文学生产；他的主张所针对的不是历史，而是对文学文本的解释以及历史和社会象征/符号性行动（symbolic acts）的关联。这种反驳正是我们要质疑的。如果（历史与叙事的）关系被颠倒、如果叙事性不是首要的出发点，而被视为作为美学模式（aesthetic mode）发挥作用的东西，解释本身也将完全不同。这一反转意味着对时间性和它的韵律的另一种理解：叙事化按其固有的特征总是迟到的，而决定作为发生的、介入的东西（takes place，intervenes），总是要么来得太早要么来不及。政治意义上的决定不属于哲学，至少不属于黑格尔的那种“真理会在恰当的时候显现，从不会来得过早”（《精神现象学》

---

① Jacques Lacan, *Four Fundamental Concepts of Psych-analysis*, Penguin Books, 1977, Chapter “On Tuché and Automaton”, p. 53.

序言）的哲学。

第二种反驳也和上一点有关。显然，詹明信精心构建起的这些理论是为了反对某一种马克思主义，这种马克思主义忽略了艺术作品的特性、将其还原为作为基础的经济关系的运作结果或者说艺术是对在它之外的某种东西的表达；那么现在当我们对詹明信做出批判时，难道我们没有陷入这个还原论的古老圈套，没有天真地忽略了文学作品内在逻辑相对的自足性（正是这一内在逻辑通过意识形态式的回答、解决或是转向，起着作品与历史间关系的中介作用）吗？

并非如此，恰恰相反，至少有一种文学理论是从另一个地方开始的：文学作品早已经“知道”它是上层建筑的一部分、镶嵌在话语性结构（discursive formations）的牢笼里；它“知道”它的体裁是被历史地决定的形式，并且至少在小说这种文学形式这里可能已经穷尽了它的能力。“它知道”就意味着，文学装置（literary devices）的使用已经是一种拥有了这种知识的游戏；因此无论是犬儒的肯定还是沉默，都是意识形态式的回答，可能所有文本都是这样做的。无论有没有一个主体，文学文本都必定是一系列决定的记录；二者之间的关系，可以被理解为劳动的生产与作者的劳动——将符号当作原材料来使用的劳动——之间一个威胁性的类比。正是因为艺术作品在其核心处已经是社会性的、被它们的时间所规定的，它们才能是历史性的自主的片段，一个个地呈现出来；且当我们解读一部作品时，我们也把它们作为一个个的唯一性，而不是把全部作品视为一个整体来理解，因为就文学而言，每一部作品都主张其独立性。

这一论证线索将我们引向一个关键点，即在文学文本中没有单个的意识形态性的闭锁点，因为生产发生在意识形态之外，并不停地被带进意识形态的离心运动中：那些已发表的成为公开的、敞开性（offentlichkeit）的一部分，成为再生产的材料和条件。一部个别的艺术作品，如詹明信所指出的，是一幅乌托邦的景象（utopian scape），是已发表出来的最终结果中的一个生产的痕迹。这种乌托邦的特质并不是对意识形态的反转，而是历史与叙述的关系，这一关系与一种不可弥补的损失缠绕在一起、被压抑、并因此再现在叙述中。从这个角度说，这种乌托邦时刻与未来无关，它不是某种未被想象的可想象的未来，而就是现在本身的样子。乌托邦的时刻也不是我们的时代的寓言，那么它们是什么？是工具、器皿、厨具，是用来烹饪我们冷冻的、半生不熟的过去的。换句话说，这些工具本身是没有历史的，这一非历史性正是它们同历史连接的方式。

现在我们或许能对前面一章提出的那个问题，即不可想象之物是如何被想象的，做出一个回答。一系列的问题都与我们的一个首要问题相关：如何才能说出超出可能的表达模式之界限的东西，而不陷入各式各样的浪漫主义（对身体及其部分的浪漫表达、巴塔耶式唯物主义的浪漫主义、“僭越的欲望”或者那种把艺术视作服务于某种外在的真理的社会现实主义的浪漫主义）？或许一种作为用途（usage）的历史性时间是对该问题的回答，它是我们用历史创造出来的；它的用途是在一个已有的可能叙事形式与对可能性、可能的流动性空间（它产生了新的形式）的创造之间进行选择。